⑳ 美容の仕事

美容師、エステティシャン、ネイルアーティスト
ビューティーアドバイザー、化粧品研究者、美容皮膚科医

第4期 全7巻

㉑ エコの仕事

再生可能エネルギー電力会社広報
フードバンク職員、エシカル商品の企画
国立環境研究所研究員、リサイクル商品ブランディング
フェアトレードコーディネーター

㉒ 鉄道の仕事

鉄道運転士、鉄道運輸指令員、鉄道車両製造、駅弁開発
乗り換え案内サービスシステム開発、鉄道カメラマン

㉓ アートの仕事

クリエイティブソリューション営業、学芸員
イラスト投稿サイトプランナー、画材研究開発
絵画修復士、アートディレクター

㉔ 法律の仕事

裁判官、弁護士、検察官、弁理士、労働基準監督官
サイバーセキュリティ対策本部警察官

㉕ ベビーの仕事

産婦人科医、ベビーカー開発、液体ミルク開発
プレイリーダー、ベビー服デザイナー、病児保育士

㉖ エンタメの仕事

テーマパークスーパーバイザー、舞台衣裳スタッフ
映画配給会社宣伝、音楽フェスグッズ企画
インターネットテレビ局チャンネルプロデューサー
チケット仕入営業

㉗ 防災の仕事

災害対応ロボット開発者、ドローンパイロット
災害救助犬訓練士、構造設計者、消防車開発者
気象庁地震火山部職員

第5期 全5巻

㉘ ICTの仕事

小学校教諭情報主任、クラウドファンディング会社広報
オンライン診療営業、スマート農業技術開発
VR動画サービスプロジェクトマネージャー
サイバーセキュリティエンジニア

㉙ 感染症の仕事

感染症研究員、PCR
福祉アートプロダクト
感染対策商品研究、行

㉚ 宇宙の仕事

天文学者、国際宇宙ステーション運用管制官
月面探査車開発、アルファ米商品開発
プラネタリウム解説員、スペースデブリ除去システム開発

㉛ 水の仕事

天然水商品開発、水質検査員、浴室商品開発
ラフティングインストラクター、下水道施設職員
温泉施工管理

㉜ 文字の仕事

タイプデザイナー、書道家
LINEスタンプクリエイター、速記士、点字触読校正者
キーボード商品デジタルマーケター

第6期 全5巻

㉝ SDGsの仕事

電気自動車マーケティング、団地リノベーション設計
新素材開発会社人事、日本財団職員
ジェンダーフリーファッションデザイナー
代替食品研究開発

㉞ 空の仕事

パイロット、グランドスタッフ、航空機エンジン開発
機内食メニュープロデュース、検疫官、航空管制官

㉟ 音楽の仕事

ライブ配信アプリディレクター
歌声合成ソフトウェア関連商品管理
フリースタイルピアニスト
音楽配信アプリコンテンツプロデューサー
JASRAC職員、ゲームサウンドクリエーター

㊱ 健康の仕事

シューズ商品企画、オンラインヨガインストラクター
体組成計開発、健康食品マーケティング
アスレチックゲーム宣伝、寝具メーカー広報

㊲ アウトドアの仕事

アウトドアウォッチ商品企画、アウトドア商品企画、森林官
スポーツ自転車設計、キャンピングカーデザイナー
グランピング施設スタッフ

キャリア教育に活きる!

仕事ファイル

センパイに聞く

51

伝統芸能の仕事

能楽師
箏奏者
歌舞伎の衣裳方
舞台プロデューサー
郷土芸能道具の職人

小峰書店

小峰書店 編集部 編著

51 伝統芸能の仕事

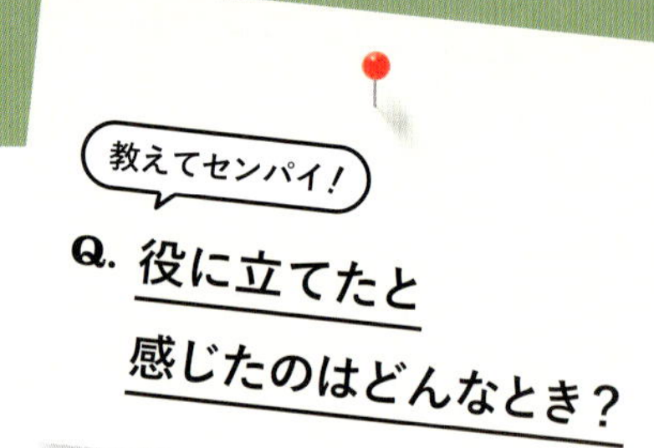

Contents

※この本に掲載している情報は、2025年4月現在のものです。

A. 出演者に「おかげさまでうまくいったよ」と言ってもらえたとき!

A. 芸能道具の修理で、お客さんに喜んでもらえたとき!

File No.282

能楽師

Noh Actor

シテ方金春流
安達裕香さん
入門15年目 36歳

約650年の伝統をもつ日本を代表する舞台芸術にたずさわります

日本の伝統芸能である能楽。能楽を演じる人を、能楽師といいます。また、主役である「シテ」を演じる能楽師が集まるグループを、「シテ方」とよびます。シテ方金春流能楽師として舞台をつとめる安達裕香さんに、お仕事について聞きました。

Q シテ方の能楽師とはどんな仕事ですか？

能は、「シテ」とよばれる主役が能面をつけ、謡※と舞で物語を演じる劇です。登場人物の感情や情景を、型とよばれる決まった動作で表現し、最小限の動きで物語を進行します。

舞台上には、シテのほかに、劇の進行の補佐や小物の出し入れを行う「後見」、何人かで声を合わせて物語を謡う「地謡」が登場します。また、演目によっては助演役の「ツレ」が登場することもあり、シテ、ツレ、後見、地謡をつとめる能楽師のグループは「シテ方」とよばれます。さらに、能の舞台はシテ方だけでは成立しません。シテに応対して演じるワキが所属する「ワキ方」、楽器を演奏する「囃子方」、狂言を行う「狂言方」の、4つのグループが協力して舞台をつくり上げます。これらのグループは独立しており、例えばシテ方の能楽師がワキをつとめることはありません。

能のシテ方には5つの流儀があり、私は金春流という流儀に所属しています。私の仕事はおもに3つあります。ひとつ目は舞台活動です。毎週のように所属する流儀の公演があり、私は能楽堂で行われる公演や神社での能楽奉納で演じています。ふたつ目は、弟子に能の謡や舞を教えることです。弟子は、趣味として楽しみたい人から能楽師を目指す人まで、さまざまです。3つ目は、多くの人に能を知ってもらうための活動です。学校や公民館などで講座やワークショップを開き、能の魅力を伝えます。

これらに加え、事務所で、会報誌の作成や公演の企画・運営・宣伝、チケットの販売などの事務作業も行っています。

安達さんのある1日

(公演のある日)

- 10:30 楽屋入り。会場の準備と装束の準備
- 12:30 開演、舞台に出演。適宜昼食をとる
- 17:30 終演
- 19:00 会場を撤収、装束をかたづけて解散

(公演のない日)

- 10:00 仕事開始。会報誌をつくる
- 12:00 昼食
- 13:00 公演のチラシをつくる
- 15:00 師匠から稽古を受ける
- 18:00 夕食をとり、その後弟子の稽古
- 20:30 仕事終了

撮影　辻井清一郎

安達さんがシテをつとめた『羽衣』の舞台。楽器をあつかっているのが囃子方、その奥に座っているのが後見。

演者の役割分担とそれぞれのグループ

● シテ方

能では主役のことを「シテ」という。幽霊や神々、天女や天狗、鬼など人間ではないものが主役となる物語が多く、美しい装束や面をつけて演じる。助演的な役割のツレや、地謡、後見もシテ方が担う。シテ方の能楽師は、どの担当になってもつとめられるように稽古する。

● ワキ方

シテに応対し、シテの演技を引き出す役を「ワキ」とよぶ。すべて現実に生きている成人男子の役で、面をつけることはない。僧や神官、天皇の臣下などの役をつとめ、物語の導入を担ったり、話を進行させたりする。シテ方と同じように、複数の流儀がある。

● 囃子方

能楽では、笛・小鼓・大鼓、曲によって太鼓も用いられる。「笛方」「小鼓方」といったグループのなかにそれぞれの流儀があり、まとめて「囃子方」とよばれる。囃子方の音楽は伴奏ではなく、地謡の声とともに舞台をつくり上げる大切な要素。

● 狂言方

物語の舞台となる土地の住人やシテ・ワキの家来などに扮して登場する。また、狂言方だけで演じる狂言の演目もある。狂言は、能の演目の合間に演じられる短い話で、お客さんの笑いをさそう滑稽な話が多い。大蔵流と和泉流のふたつの流儀がある。

用語 ※謡 ⇒ 能の声楽にあたる部分のこと。「地謡」は、謡のコーラスをさす。

仕事の魅力

Q どんなところがやりがいなのですか？

物語の登場人物になりきって表現するところに、おもしろさとやりがいを感じます。能は基本的に、シテの語りによって物語が進みます。大軍を率いた合戦の場面もひとりで演じますし、主人公の恋心や無念さ、恨みの心情も、相手の人物を登場させることなく表現します。登場人物になりきり、観る人にその心情を想像させられるかが、能楽師の腕の見せどころです。

能は、約650年前の室町時代に、観阿弥・世阿弥によって大成された舞台芸術です。そのすばらしい芸術を後世へつないでいくことも、やりがいになっています。

Q 仕事をする上で、大事にしていることは何ですか？

昔から伝わってきたものを正しく継承していくことを、いちばん大事にしています。そのために必要なのは、型とよばれる決まった動作をきちんと身につけて再現できるようになることです。将来、型のなかに自分らしさがにじみ出てくるような能を舞えるようになるために、稽古を重ねています。

私は能楽師としては若手で、まだまだ学ぶべきことがたくさんあります。師匠をはじめいろいろな人の舞台を観て、絶えず研究しています。

「謡」を謡う安達さん。朗々とした力強い声が響き渡る。

Q なぜこの仕事を目指したのですか？

能との出合いは大学1年生のときです。新入生歓迎会で能楽サークルのチラシをもらい、興味をもって入会しました。先輩が能装束をつけて舞う姿がかっこよく見え、「初めての分野に挑戦するのも楽しそうだな」と思ったのです。その後、大学4年生の発表会でシテをつとめる機会をいただき、「この道をもっと究めたい」と考えるようになりました。

そのころ、他大学の年の近い先輩が、卒業後に能楽師になったと知りました。身近な人がプロになったことで、能楽師という職業が私にとって身近なものになりました。そこで卒業後は能の道に進み、本格的に学ぶことを決意したのです。大学の能楽サークルでお世話になった師匠に心惹かれ、教えを乞いたいと思い、師匠のもとに入門しました。

ふたりの弟子に稽古をつける安達さん。「弟子たちの発表の機会もあります」

Q 今までにどんな仕事をしましたか？

入門したてのころは舞台に立つ機会はなく、ひたすら稽古を重ねる身でした。そのため最初の2年間は、会社に就職して働きながら稽古をしていました。その後、少しずつ舞台に立つ機会が増え、弟子をとることもできるようになったため、会社をやめて能楽に専念するようになりました。

これまでの舞台活動で思い出深いのは、三重県にある伊勢神宮での能楽奉納でシテをつとめたことです。歴史ある神社で舞うことができ、貴重な経験になりました。

また、所属する金春円満井会が年に4～5回主催する定例公演「円満井会定例能」に出演しています。私は年に1回シテをつとめるとともに、仕舞や地謡で出演しています。

『黒塚』という演目の舞台で、糸繰りをする女の役を演じる安達さん。

撮影　辻井清一郎

『玉葛』の仕舞の写真。「仕舞とは、能の見せ場となる場面を、面や装束をつけずに紋付袴姿で舞う上演形式です。囃子をともなわず、謡のみで舞います」

撮影　辻井清一郎

Q この仕事をするには、どんな力が必要ですか？

能楽師は、美しさを感じる豊かな感性をもてる人に向いている仕事だと思います。その上で、美しいものを追求し続ける力が必要です。例えば、謡を謡うときには日本語のもつ豊かな響きにこだわり、舞を舞うときには型の美しさを突き詰める。このように理想を追い求めるために、能楽師は日々稽古を重ねています。

体力も必要です。シテが着る装束は、平均して約10kgにもなります。上演中の1時間、ずっと重い装束を着て謡ったり舞ったりするのは、見た目以上の重労働です。そのため、体力がないとつとまりません。

『羽衣』の謡本

扇（鎮め扇）

扇（中啓）

能面（小面）

PICKUP ITEM

約200番ある能の演目は、それぞれ「謡本」とよばれる台本に記されており、謡の謡い方も記されている。扇には、仕舞で使う「鎮め扇」と、装束を着た登場人物が使う「中啓」がある。小面は若い女性を演じる際に用いられる面で、江戸時代につくられたものが今も現役だ。

Q 仕事をする上で、難しいと感じる部分はどこですか？

登場人物の心情を理解し、それを少ない動きのなかで表現しなければならないところです。能はじっとして動かない場面が多いため、少ない動きでいかに表現するかが難しいところです。立っているだけでその登場人物に見えるか、一足をふみ出す、謡い出すだけでその人の心情をそこに表すことができるかが求められます。表面的ではなく、内面からわき出てくるように表現することが、とても難しいです。

今から約650年前、能を舞台芸術として大成した世阿弥は、「離見の見」という言葉を残しました。これは、「演じている自分自身を、外から見る感覚が必要」という意味です。難しいことではありますが、考えなくても体が自然と動くまで稽古し、冷静に演じられる境地を目指しています。

毎日の生活と将来

Q 休みの日には何をしていますか？

この仕事は土日に公演があることが多く、舞台が続くと家族と休みが合わないこともあります。そのため休みの日には、できるだけ家族と過ごす時間を大切にしています。

時間があるときは、趣味のバレエを観に出かけることが多いです。私は幼稚園のころから大学卒業までバレエを習っていたので、バレエの舞台を観るのが好きです。東京・上野にある東京文化会館などによく観に行きます。

「ここは、子どものころからバレエを習っていたなつかしいスタジオです。地元の徳島に帰省した際に、ひさしぶりに訪れました」

「東京文化会館にバレエの公演を観に行きました。休みの日の、大好きな過ごし方です」

Q ふだんの生活で気をつけていることはありますか？

体調がよい状態で本番にのぞめるように、健康には気をつけています。公演日が近づいたら、疲れがたまらないように、しっかり睡眠をとって体調を整えることも大事です。また、筋力をつけるにはタンパク質をとることが大切だと聞くので、タンパク質が豊富な食品を積極的にとるように心がけています。けがをしないようにするため、ストレッチもしています。

そのほか、謡のためには、のどのケアも欠かせません。冬はとくに乾燥するので、保湿や風邪予防のためにマスクをしています。

安達さんのある1週間

05:00 07:00 09:00 11:00 13:00 15:00 17:00 19:00 21:00 23:00 01:00 03:00 05:00

月	火	水	木	金	土	日
睡眠	休み	睡眠	睡眠	睡眠	睡眠	睡眠
朝食		朝食	朝食	朝食	朝食	朝食
申し合わせ（リハーサル）		稽古を受ける	ホームページの更新	昼食	自主練習	楽屋入り、公演の準備
昼食		昼食	昼食	申請書類の作成	昼食	公演に出演
公演の宣伝作業やチケット販売		翌週の講座の打ち合わせ	自主練習	楽屋入り、公演の準備	弟子の稽古	かたづけ、撤収
自主練習		翌日の準備	稽古を受ける	公演に出演	夕食	夕食
夕食		夕食	夕食	かたづけ、撤収	弟子の稽古	翌日の準備
弟子の稽古		睡眠	申し合わせ（リハーサル）	翌日の準備	翌日の準備	睡眠
翌日の準備			翌日の準備	睡眠	睡眠	
睡眠			睡眠			

2回の舞台出演のほか、稽古場で稽古をしたり、弟子に稽古をつけたりした。またその合間に、事務所で事務作業をした。水曜日には、翌週に講師をつとめる講座の内容を主催者と打ち合わせた。

Q 将来のために、今努力していることはありますか？

本を読み、いろいろな芸術にたくさんふれて、感性をみがくことを心がけています。登場人物の気持ちを深く理解し、表現できるようになるために、自分のなかにいろいろな感情の引き出しをもちたいです。

もちろん、技術を身につける努力もおこたりません。能はマイクを使わないので、客席のいちばん後ろの人にも謡がきちんと聞こえるよう、腹式呼吸※を使った発声が大切です。しっかりとした発声に基づいた謡で登場人物の役柄や心情を表現できるよう、毎日稽古をしています。

「出身地の徳島県の図書館で、子どもたちに能を知ってもらうためのワークショップを行いました」

「能面には、喜怒哀楽のさまざまな表情がふくまれています。わずかな向きのちがいで、多様な感情を表すことができます」

Q これからどんな仕事をし、どのように暮らしたいですか？

まずは、若手の登竜門といわれる『道成寺』という演目のシテをつとめることが目標です。さらに、もっといろいろな役柄を演じて、深みを表現できるようになりたいです。そのために、ひとつひとつの舞台を大切につとめます。

また、若い世代への普及活動に積極的に取り組みたいですね。私は以前から、能が子どもたちの習い事の選択肢に入るような、身近なものになってほしいと思ってきました。能という芸術の魅力やすばらしさを世界に広め、後世に伝えることに貢献したいです。

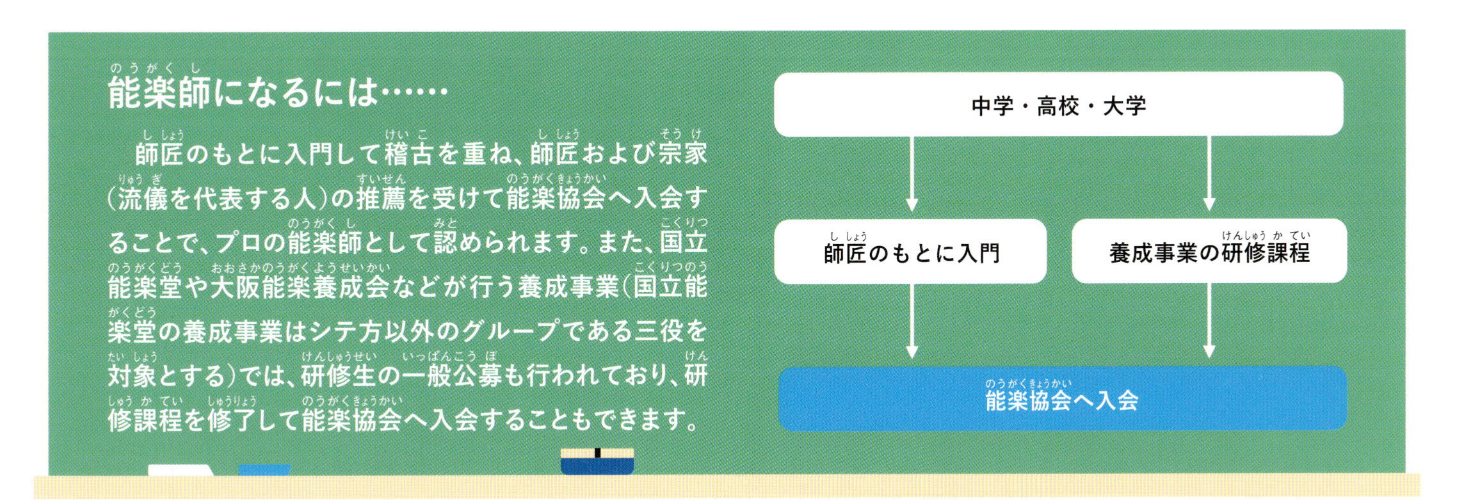

能楽師になるには……

師匠のもとに入門して稽古を重ね、師匠および宗家（流儀を代表する人）の推薦を受けて能楽協会へ入会することで、プロの能楽師として認められます。また、国立能楽堂や大阪能楽養成会などが行う養成事業（国立能楽堂の養成事業はシテ方以外のグループである三役を対象とする）では、研修生の一般公募も行われており、研修課程を修了して能楽協会へ入会することもできます。

※ この本では、大学に短期大学もふくめています。

用語　※ 腹式呼吸 ⇒肺の下にある横隔膜を使って、肺の深いところまで空気を入れる呼吸法。

子どものころ

Q 小学生・中学生のとき、どんな子どもでしたか？

幼稚園からバレエとピアノを習い始め、ピアノは高校卒業まで、バレエは大学卒業まで続けました。中学校では吹奏楽部でチューバを吹いていました。毎日がいそがしく、習い事にはいつも両親が送りむかえをしてくれました。

父が学芸員としてつとめている美術館へも、よく行っていました。専門的な仕事をする父を見て、好きなことを探求することのおもしろさを学んだように思います。当時をふりかえってみると、小さなころからさまざまな芸術に親しむ環境にめぐまれていたことを、ありがたく感じます。

学校では、ひとりで本を読んで過ごすタイプでした。読書が好きで、図書館によく行きました。自分が物語の世界にいるような感覚を味わえるのが楽しかったのです。とくに中学生になって小説『塩狩峠』を読んでからは、三浦綾子さんの作品に夢中になりました。

勉強は、読書好きなこともあって国語が得意でした。また、数学も、物事が論理的に展開していく過程がおもしろくて好きでしたね。いそがしいなかでも時間をつくって、コツコツ勉強していたように記憶しています。

安達さんの夢ルート

小学校 ▶ バレリーナ

バレエが大好きだったのであこがれた。

▼

中学校 ▶ 学校の先生

魅力的な先生に出会い、
教師という職業に興味をもった。

▼

高校 ▶ 図書館司書

本が好きだったので、本の魅力を人に伝える
図書館司書になりたいと思った。

▼

大学 ▶ 能楽師

能楽サークルの活動を続けるうちに
舞台芸術に関する興味が深まり、
能楽師を目指した。

「バレエに夢中だった中学時代に、バイブルにしていた本です」

中学生のときに夢中になって読んだ、三浦綾子の小説。

吹奏楽部のコンクールの本番でチューバを吹く安達さん。

Q 子どものころにやっておけばよかったことはありますか？

英語の勉強をもっとやっておけばよかったです。将来は海外に向けて能楽などの日本文化を発信していきたいと考えているので、もっと英語力が必要だと感じます。英語を自由に使えたら、できることがさらに増えると思います。

バレエを習っていたことはよかったですね。体の基本的な使い方を学ぶことができましたし、目標に向かって努力する力が養われたと、日々、実感しています。

Q 中学のときの職場体験は、どこへ行きましたか？

中学1年生のときに、職場見学として学校の近くのケーキ屋さんに行きました。自動車会社や、製薬会社に行った班もあり、世の中には自分の知らない職業がたくさんあるんだなと思ったのを覚えています。

中学3年生のときには、職場体験として手芸用品店に行き、仕事のお手伝いをさせてもらいました。手芸キットの作成を手伝わせてもらい、実際に布を切ったり、リボンを切ったりしました。

Q 職場見学や職場体験ではどんな印象をもちましたか？

ケーキ屋さんでは、ケーキづくりについてのこだわりをたくさん聞かせてもらいました。なかでも「お客さんに喜んでもらうために、工夫したり新しいアイデアを考えたりする」という考え方が印象的でした。お話を聞いて、自分自身ががんばって働いた先に、それを受け取って喜ぶ人がいるということに気づいたのです。

手芸用品店の店長さんは職人気質の方で、商品に対するこだわりや品質に対する自負、お客さんによいものを届けたいという気持ちなど、仕事に対する情熱を強く感じました。

Q この仕事を目指すなら、今、何をすればいいですか？

日本語の響きや、日本の文学がもつ美しさを感じとってほしいです。そのためにも、国語の授業では、文章を読んで理解する力を身につけることがとても大切です。

また、さまざまな芸術にふれる機会をつくるとよいと思います。展覧会に行ったり、舞台鑑賞をしたりして、美しいものやすてきなものに対する感性をみがき、視野を広げてください。もちろんチャンスがあれば、能の舞台も観てほしいです。

そのほか、能楽師にとって正座は必須なので、今のうちから慣れておくとよいかもしれないですね。

ー今できることー

本を読んだり、演劇を鑑賞したりして、たくさんの物語を楽しんでみてください。登場人物たちの心情について考え、自分の感じ方を広げることは、能の謡や舞の表現を深めることにつながります。

機会があれば、能のワークショップや講座に参加してみましょう。また、バレエやダンスなどの習い事や部活動に打ちこんでみることも、よい経験になるでしょう。体を使った表現について学べるとともに、能楽師に必須の集中力や体力を養うことができます。

謡の表現を深めるために、日本語の響きの美しさを味わいましょう。古典を音読し、特有のリズムを味わいながら、古典の世界にふれましょう。

歴史上の有名な人物やできごとについて学びましょう。能楽で語られる物語は、これらがもとになっています。

彫刻や絵画など、さまざまなジャンルの美術作品を鑑賞し、日本文化をはじめとした多様な文化の趣や美意識に対する理解を深めましょう。

いろいろな音楽を、その背景となる文化や歴史と関連づけて鑑賞しましょう。歌では、歌詞の内容やテーマを理解し、歌詞にこめられた思いを感じて歌いましょう。

File No.283

箏奏者

Koto Player

©Takafumi Ueno

箏は日本の伝統楽器のひとつで、1000年以上前の天皇や貴族たちも親しんでいたといわれています。今、各地の音楽ホールで箏の演奏が行われ、オーケストラとの協奏曲なども演奏されています。箏奏者で作曲家でもあるLEOさんにお話を聞きました。

Q 箏奏者とはどんな仕事ですか？

箏を演奏してお客さまに聴かせる仕事です。箏は1200年以上前の奈良時代に中国から日本へ伝わった楽器で、桐の木でつくられた胴体に13本の弦が張られています。右手の親指と人差し指、中指に箏用の爪をつけて弦を弾くことで音を出します。弦を支える琴柱という部品は可動式で、左右へずらすことで瞬時に音の高さを変えられるのが特徴です。

アマチュアをふくめて箏の演奏者は多くなく、プロでも演奏だけで生計を立てられる人は少ししかいません。私は数少ないプロの箏奏者のひとりとして、箏の演奏会を開催しています。音楽ホールとの交渉や演奏スケジュールの管理は、所属している事務所のマネージャーが私の代わりに行います。

演奏会の曲目や、共演する楽器と共演者などの構成は、私が主体となって決めます。演奏会のために箏のソロ曲やピアノとの二重奏、チェロを入れた三重奏などの新曲をつくることも多く、編曲※が必要な場合は自分で行います。自分が主催する演奏会のほかに、オーケストラから招かれて共演したり、テレビなどの番組に出演したりすることもあります。

日本の伝統音楽には昔から、専業の作曲家がいません。そのため、三味線や尺八といった楽器と同じように、箏の奏者は作曲者でもありました。私も高校生のときに作曲の勉強を始めました。今では、作曲や編曲が得意ということが箏奏者としての自分の個性であり、強みになっています。新しい曲への挑戦は緊張しますが、お客さまの反応を楽しみに作曲と練習にはげんでいます。

LEOさんのある1日

（コンサートがある日）

- 11:00 会場に到着。楽屋で箏の調整と音出しの後、舞台のセッティングをする
- 12:00 リハーサル開始
- 14:00 楽屋で昼食、箏の最終チューニング
- 15:00 演奏会開演
- 17:00 演奏会終了後、サイン会
- 18:00 会場を退出

（コンサートやリハーサルがない日）

- 11:30 箏の練習をする
- 13:00 昼食の後、音楽を聴く
- 15:00 練習・作曲をする
- 20:00 夕食をとる。その後練習・作曲を再開
- 26:00 作曲作業に区切りをつけて、仕事終わり

LEOさんの演奏動画。この動画では、1700年代前半に、"音楽の父"バッハがチェロ用に作曲した『無伴奏チェロ組曲』を箏で演奏することに挑戦した。

LEOさんのいろいろな演奏の場

● 演奏会

担当マネージャーが各地の音楽ホールにLEOさんの演奏会の企画を紹介し、演奏会を実現させる。ツアーの場合は、同じプログラムで各地を演奏してまわる。また、ゲストとして出演する演奏会もある。

● イベントでの演奏

企業が開く祝賀会で演奏したり、映画祭のオープニングで演奏したりする。

● オーケストラとの演奏

オーケストラ（交響楽団）から依頼されて、演奏会で共演することもある。箏とオーケストラのためにつくられた協奏曲を演奏することが多い。協奏曲は、オーケストラに対して箏が1面という形式。

● メディア出演

テレビやラジオの番組に出演して演奏を披露する。雑誌の取材を受けることもある。

● オンライン動画

動画投稿サイトに演奏動画を投稿する。動画用に撮影する場合もあれば、実際の演奏会を撮った映像を投稿することもある。坂本龍一氏が作曲した曲を箏用に編曲した動画の再生回数がのびている。

用語 ※編曲 ⇒ ある楽曲を、ほかの楽器や演奏形態に適するようにつくり変えること。LEOさんの場合は、ギターの名曲を箏とギターの二重奏曲にしたり、人気のあるJ-POPの曲を箏とピアノの二重奏曲にしたりと、さまざま。

仕事の魅力

コンサート当日に舞台上でリハーサルを行う。「楽器店から箏の専門スタッフが来て調整してくれました」

LEOさんの作曲した曲を、ピアノとチェロ、箏で演奏する。「この日はツアーの初日で、その後は別の4都市をまわりました」

「この入りの部分が合わせづらいんだけど、どうすればいいかな」と、ピアニストから質問があった。限られた時間のなかでぎりぎりまですり合わせる。

Q どんなところがやりがいなのですか？

自分の演奏でお客さまに喜んでもらえることです。演奏会で拍手をいただくだけでなく、直接感想を聞かせてもらうなど生の反応を得られると、とてもうれしくなります。

また、演奏家どうしがいっしょに演奏するアンサンブルはおもしろく、やりがいがあります。おたがいに相手を尊敬する気持ちがあれば、初めてのアンサンブルでも呼吸がぴったりと合うのがおもしろいところです。

さらに、作曲のおもしろさもやりがいです。作曲のために、今までにない楽器の組み合わせについても勉強しています。新しいものを創造する仕事は魅力的で、とても楽しいです。

Q 仕事をする上で、大事にしていることは何ですか？

何よりも健康管理を大事にしています。いちばんよい状態で舞台に立ち、質の高い演奏を聴いてもらうためには、十分な睡眠や栄養バランスのよい食事をとり、日ごろから幸せを感じられる状態であることが大切です。

どんなにいそがしくても相手に気をつかえる人や優しくできる人は、すてきだと思います。自分もそうなれるように、お客さまに元気を届けられるような演奏家でいたいです。

Q なぜこの仕事を目指したのですか？

日本の伝統的な和楽器である箏に出合ったのは、9歳のときです。当時、神奈川県横浜市にあるインターナショナルスクール※に通っており、その学校の音楽の授業で初めて弾きました。箏を教えてくれたのは、アメリカ人の箏の師範、カーティス・パターソン先生でした。演奏するのが楽しくて箏の部活に入り、さらに個人レッスンも受けました。ピアノを習ったり、バンドを組んでほかの楽器を演奏したりしたこともありますが、いちばん上手に弾けた楽器が箏でした。

私の父はアメリカ人、母は日本人です。子どものころは自分は何者なんだろうと考えることが多かったのですが、何となく箏が自分の性に合っているように感じて、中学生のころに箏奏者を目指すようになりました。

用語 ※ インターナショナルスクール ⇒ 外国人の子どもを対象とする学校。海外の言語・文化・教育理念に基づいた教育を行う。

Q 今までに どんな仕事をしましたか？

大学に入学する前の2017年にCDデビューを果たしました。以降もレパートリーを増やしながら、テレビ出演や演奏会活動に力を入れました。

2019年に出光音楽賞という賞を受賞しました。その賞金を使って、世界的に著名な作曲家である藤倉大先生に作曲をお願いしたんです。海外での活動も視野に入れた場合、オーケストラと共演できる曲が必要だと考えたからです。細かくやりとりをして書き上げてもらった『箏協奏曲』はすばらしく、2021年に初演を果たしました。おかげで、クラシックの演奏会でも演奏する機会が増えています。

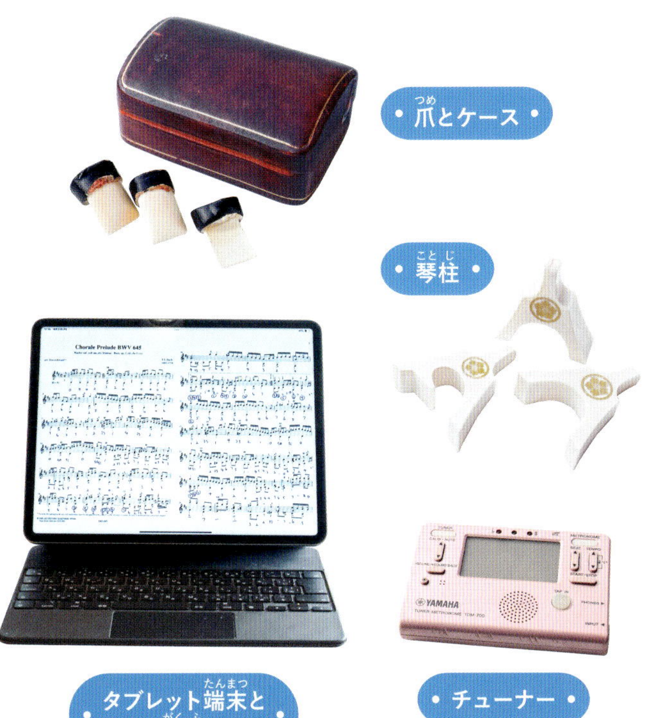

爪とケース

琴柱

タブレット端末と楽譜

チューナー

Q 仕事をする上で、難しいと感じる部分はどこですか？

演奏会の本番前や演奏の収録前に、「納得のいくレベルで演奏できるか」「練習不足ではないか」と心配になることがあります。別の演奏会の準備に時間をとられて練習する時間が少ないなど、物理的にいそがしいときに起こりがちです。そのときにできることをしようと考え、移動中に楽譜をながめ、音源を聴いてイメージトレーニングをするのですが、ふと不安がよぎってしまいます。

そんなときこそ睡眠と食事をしっかりとって、前向きな気持ちでいるように心がけます。がんばってきた自分を信じ、強い気持ちで舞台に立つことでのりこえています。

二十五絃箏

Q この仕事をするには、どんな力が必要ですか？

箏を演奏する技術と才能が必要です。高度な演奏技術はもちろんのこと、音に対する鋭い感覚、曲を深く理解し、練習や努力をし続ける力、自分を演出する力など、あらゆる能力を発揮することが求められると思います。

もうひとつ大切な要素は、社交性があることです。ひとりで黙々と練習するだけでは演奏家の仕事は成り立ちません。ほかの楽器の演奏家や演奏会に関わるスタッフの方と積極的にコミュニケーションをとることで、新しい分野をふくめ、活動の機会が広がります。

PICKUP ITEM

右手の3本の指に爪をつけて弦を弾くため、3種類の爪が必要。琴柱は箏の胴体と弦の間に入れて弦を支えるもの。和楽器の楽譜は縦書きで漢数字を使って書かれているものが一般的だが、LEOさんはほかの楽器との合奏に便利な西洋式の五線譜を使っており、タブレット端末に表示して演奏する。チューナーは音の高低を測る道具。標準的な箏は十三本の弦が張られた十三絃箏だが、十七絃、二十絃、二十五絃もある。ここにあるのは二十五絃箏。

毎日の生活と将来

Q 休みの日には何をしていますか？

おいしいものを食べることが好きなので、食べに出かけたり、家で料理をしたりしています。得意な料理のジャンルはイタリアンで、よく友だちをよんでホームパーティーを開きます。そのほか、調味料やスパイスに凝って中華料理やカレーもつくっているうちに、料理全体の腕が上がってきました。

以前は料理をすることが気分転換になっていましたが、今はそれよりも、純粋に料理をすることが好きです。食事をおいしく楽しめることは幸せだと思います。

「トマトソースのパスタをつくりました。手軽につくれるイタリアンは、昼食にぴったりです」

「仕事でベトナムを訪れた際に立ち寄ったレストランです。公演の合間に現地の料理や文化を楽しむことも、息抜きになっています」

Q ふだんの生活で気をつけていることはありますか？

演奏を仕事にする者として、指や手をけがしないように気をつけています。以前、出張のときに、スーツケースを片手で押して手首を痛めたことがありました。機材が増えてスーツケースが重くなってしまったためです。そのときから、スーツケースの持ち方に注意して、手首のストレッチをするなど、工夫をするようになりました。

また、服装にも気をつかっています。アーティストは人から見られる職業だということを意識して、その場に合う服を着るように心がけています。好きな洋服のメーカーがあるので、同じ店で購入することが多いですね。

LEOさんのある1週間

05:00 / 07:00 / 09:00 / 11:00 / 13:00 / 15:00 / 17:00 / 19:00 / 21:00 / 23:00 / 01:00 / 03:00 / 05:00

月	火	水	木	金	土	日
睡眠	睡眠	睡眠	睡眠	睡眠	睡眠	睡眠
食事や準備	食事や準備	食事や準備	食事や準備	食事や準備	食事や準備	食事や準備
練習	練習	練習	練習	練習	移動	移動
昼食	昼食	昼食	昼食	昼食	会場入り・音出し	リハーサル
音楽を聴く	音楽を聴く	音楽を聴く	音楽を聴く	移動	リハーサル	昼食
練習・作曲	練習・作曲	練習・作曲	練習・作曲	ツアー企画の打ち合わせ	楽屋で昼食	映画祭で演奏
夕食	夕食	夕食	夕食	移動	演奏会	移動
移動	作曲	作曲	作曲	帰宅	サイン会	夕食
ラジオ番組収録	翌日の支度など	翌日の支度など	翌日の支度など	夕食	移動	作曲
移動	睡眠	睡眠	睡眠	演奏会の曲の確認	夕食会	翌日の支度など
翌日の支度など				翌日の支度など	帰宅	睡眠
睡眠				睡眠	翌日の支度など	
					睡眠	

この週は月曜日にラジオ番組の収録、土曜日に演奏会、日曜日に映画祭のオープニング演奏を行った。演奏会がない日はほぼ、練習と作曲、音楽を聴くことに費やす。

Q 将来のために、今努力していることはありますか？

作曲の勉強に時間をかけています。作曲はほぼ独学ですが、本を読んだり、動画を見たりして学んでいます。作曲に関する技法やコード進行※に関する知識を得たら、それを使ってすぐに短い曲をつくります。実践することで知識が身につくので、かなり力を入れて取り組んでいます。

また、ジャンルに関係なく、世界中の音楽を聴いています。海外で好まれている音楽の傾向をだれよりも早く感じとって、自分の音楽の参考にしたいからです。世界でヒットする作品をつくって、たくさんの人に聴いてもらえたらうれしいですね。

本番10分前の楽屋で、念入りにチューニングをするLEOさん。「お客さまによい演奏を聴いてもらいたいです」

スマートフォンで動画サイトにあるアーティストの演奏を聴く。「あらゆるジャンルの音楽を聴きます」

Q これからどんな仕事をし、どのように暮らしたいですか？

箏奏者として、世界中どこにいても注目されるような仕事をしていきたいです。“日本の伝統楽器”というめずらしさで海外の人から認識されるのではなく、自分が演奏する音楽そのものを好きになってもらい、音楽性で評価してもらえることを目指しています。そのためにも、つねに新鮮な気持ちで演奏したいですし、新しいアイデアを実現したいです。自分の音楽の世界をさらに広げて、大きなホールで大勢のお客さまに聴いてもらいたいですね。

試したことのない楽器とのコラボレーションや、映画や舞台の音楽にも挑戦したいと思っています。好きなことを仕事にできている今の幸せが続くように、努力し続けます。

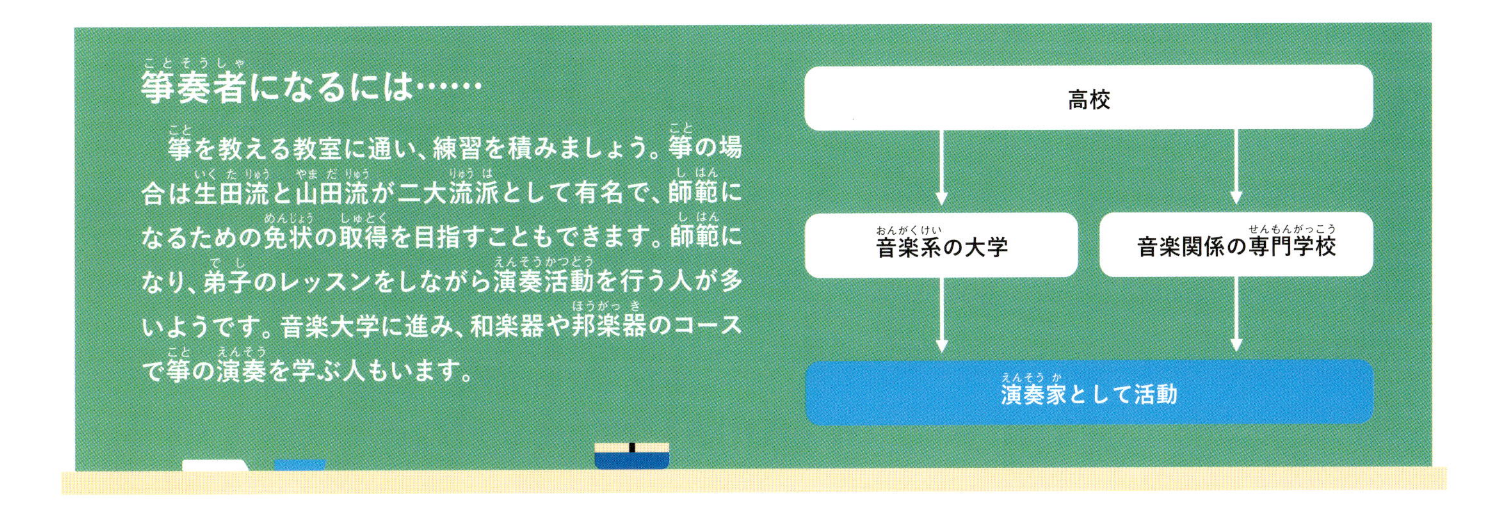

箏奏者になるには……

箏を教える教室に通い、練習を積みましょう。箏の場合は生田流と山田流が二大流派として有名で、師範になるための免状の取得を目指すこともできます。師範になり、弟子のレッスンをしながら演奏活動を行う人が多いようです。音楽大学に進み、和楽器や邦楽器のコースで箏の演奏を学ぶ人もいます。

用語 ※コード進行 ⇒コード（和音）が曲のなかで変化していく流れのこと。

子どものころ

Q 小学生・中学生のとき、どんな子どもでしたか？

小学生のときに箏を習い始め、朝から晩まで箏を弾いていました。朝起きて箏にさわってから学校に行き、お昼休みや休憩時間、放課後は音楽室で箏を弾きました。帰宅したらすぐ箏の練習に取りかかり、夕食後も箏をつま弾く、という箏漬けの生活でした。箏を弾くのが楽しかったからですが、理由の半分は勉強がきらいだったからです。楽器の練習をしていれば親から「宿題しなさい」と言われなかったのをいいことに、箏を鳴らしてばかりいました。

スポーツも好きだったので、中学校ではバスケットボール部に入りました。ところが何度も突き指をしてしまい、箏の師匠に怒られて部活をやめました。後になって、師匠も昔はバスケットボール部員だったと知り、同じことをしている！と笑いました。

中学生のころは口数が少なく社交性にとぼしかったのですが、目立ちたがり屋の面もありました。箏曲部の発表会のほか、学園祭のようなショーでのバンド活動やスポーツのイベントなどには積極的に参加していた記憶があります。中学２年生のころには箏のコンクールで何度も入賞するようになったので、音楽家になりたいと思い始めました。箏の演奏で高い評価を受けるうちに自信がついてきて、コミュニケーションのとり方もうまくなったと感じています。

中学３年生のときの、箏曲部の発表会。「10人以上の部員で箏を合奏しました」

LEOさんの夢ルート

小学校 ▶ サッカー選手

箏を始める前は、サッカー選手になりたかった。

▼

中学校 ▶ 箏奏者

中学２年生のときに、箏奏者になることを決めた。

▼

高校 ▶ 箏奏者

東京藝術大学を目指すことを家族に伝え、大学卒業までにプロになるめどをつけることを約束した。

▼

大学 ▶ 箏奏者

大学入学前にCDデビューを果たしたが、音楽を学びながら、プロとして生きていくための自己プロデュースの方法を探った。

小学生のころのLEOさん。「このころはとてもシャイな性格でした」

Q 子どものころにやっておけばよかったことはありますか？

幼いころからピアノを習っておけばよかったです。

中学生のときに習ったことがあるのですが、長続きせず１年程度でやめてしまいました。「ジャズピアノがかっこいい」と思ってピアノの基礎を学んだのですが、あまりにも難しくてあきらめてしまったんです。

もっと前から習っていたら、絶対音感※がついていたかもしれません。それに、作曲するときやアンサンブルの楽譜を読み解くときにピアノを使えると便利です。何より、ピアノが弾けたらかっこいいので、続けていればよかったです。

用語 ※ 絶対音感 ⇒ ある音の高さ（音程）を、ほかの音と比べなくても識別できる能力のこと。絶対音感の対義語は相対音感という。

Q 中学のときの職場体験は、どこへ行きましたか？

通っていたインターナショナルスクールには、日本の学校のようなキャリア教育がありませんでした。その代わり、特殊なカリキュラムが組まれていました。タイのプーケットに学年の全員で行って、ボランティアをしたんです。

貧困に苦しむ子どもたちと直接関わって、読み書きができない子に本を読んであげたり、田植えをしたり、校舎の建設を手伝ったりしました。世界にはこんな暮らしがあるという実状を、身をもって体験する場でした。

Q ボランティア体験ではどんな印象をもちましたか？

目の前の人々が直面している貧富の差や、食料事情など、想像したこともなかった問題について深く考えさせられました。自分の置かれているめぐまれた環境についても、知ることができました。

この経験は、将来自分がどうしたいのか、また、生きていくためにお金をかせぐことについて、考えるきっかけにもなりました。その後、音楽で生きていくための道を探るなかで、自分の幸せがどこにあるのかを考え続けることができたのは、この経験による影響が大きかったかもしれません。

Q この仕事を目指すなら、今、何をすればいいですか？

音楽業界において、和楽器の世界はクラシックや大衆音楽の世界よりも規模が小さく、演奏者もファンの数も少ないです。箏の演奏による収入だけで暮らすのはかなり難しいのが実状です。箏奏者を目指すのであれば、とにかく練習を積み重ねることです。人の何倍も努力してください。

練習の次に必要なのは、語学の勉強です。語学力を身につけて世界で活躍しているプロの演奏家はたくさんいます。じつは私も英語が苦手で苦労したのですが、海外で活躍中の演奏家から学ぶことは多く、あらゆる面で参考になります。今のうちから、語学の勉強に力を入れるとよいと思います。

– 今できること –

プロの演奏家には、何よりも実力が求められます。確かな演奏技術はもちろんのこと、聴く人を楽しませるホスピタリティー（おもてなしの心）も必要です。和楽器の場合はさらに、作曲や編曲の能力、ほかのジャンルの音楽家とのコラボレーション能力など、より個性を際立たせる要素も欠かせません。動画サイトでプロの演奏を視聴したり、演奏会に出かけたりして、まねできそうなところから取り入れてみましょう。MC（演奏の合間のおしゃべり）ひとつをとっても、勉強になるはずです。

古典の『源氏物語』『枕草子』に、箏を弾く場面が登場します。平安時代の貴族にとって箏がどんな存在だったか、調べてみましょう。

世界各地の歴史や地理を学ぶ際に、それぞれの国・地域の伝統楽器について調べてみましょう。楽器と音楽の発達は、その地域の特色をよく表わしています。

日本の伝統音楽に親しむ授業では、和楽器の魅力や日本の音楽の特徴を感じとって聴きましょう。和楽器の演奏法を学び、曲の練習をしましょう。

世界で活躍する演奏家とともに舞台に立つ機会があります。英語で会話できる力を身につけましょう。

File No.284

歌舞伎の衣裳方

Kabuki Costume Care Staff

約400年の歴史をもつ伝統芸能、歌舞伎。歌舞伎の興行には、舞台ごとに、衣裳の準備と舞台裏での役者への着付けが欠かせません。舞台出演者の衣裳にたずさわる人を「衣裳方」とよびます。歌舞伎の衣裳方である伊勢未来さんに、お話を聞きました。

Q 歌舞伎の衣裳方とはどんな仕事ですか？

歌舞伎に出演する役者さんの衣裳を用意し、着付けをする仕事です。

歌舞伎の公演ではほとんどの場合、公演の約２か月前に演目と出演する役者さんが発表されます。私たち衣裳方は、この発表を見て過去に行われた同じ演目の資料や舞台映像を確認し、必要な衣裳を調べます。武士なのか町人なのかなど、役柄によって身につける着物の種類は決まっていますが、バリエーションはさまざまです。役者さんの好みや舞台映えも考えて倉庫から衣裳を取り寄せ、役者さんに提案する衣裳を決めます。衣裳が決まったら、「札紙」に役者さんの寸法や仕立て内容などの指示を書いて社内の縫製担当に渡し、仕立ててもらいます。「仕込み」とよばれるこれらの衣裳の準備を、衣裳方が社内で行います。

毎月20日間ほどある公演期間中は劇場にいて、楽屋で役者さんたちに衣裳の着付けをします。大がかりな衣裳になるとひとりでは着せられないので、役者さん付きのお弟子さんと協力して着付けます。出番がすぐに来るので、本番中の着がえは息を合わせて５分程度で行います。

また、使用する衣裳の種類や色・柄を「衣裳附帳」とよばれる冊子に書き記すことも、公演期間中の大切な仕事です。次に同じ演目を上演するとき、この附帳が資料となります。

公演が終わると、衣裳の汚れやいたみ具合を確認し、反物にもどして着物専門の洗濯屋さんに出します。きれいになったらふたたび倉庫に送り、次の出番まで保管します。

伊勢さんのある1日

（公演期間中の場合）

- 10:00　劇場に出勤。前日に使用した衣裳にほつれがないかチェックし、アイロンをかける
- 11:00　昼の部の上演。担当する役者の出番に合わせて着付けをし、役者が脱いだ着物の手入れをする
- 15:00　昼の部終了、時間を見はからってランチ
- 16:30　夜の部の上演。衣裳の着付け・手入れの合間に翌月に使用する衣裳の準備をする
- 20:00　夜の部終了
- 20:30　翌日の準備をして退勤

「衣裳附帳」は、歌舞伎の舞台の衣裳の記録。衣裳方は過去の衣裳附帳を見て衣裳の準備をする。主催側が舞台ごとに配役を手書きした衣裳附帳を用意し、衣裳方が公演期間中に実際に使った衣裳を書き記す。

歌舞伎のおもな役柄と衣裳

● 武士

正装は、着物の上に裃をつけたもの。時代物（江戸時代より過去の時代のお話）は、歌舞伎独特の表現として、金や銀の糸を使った豪華なものになる。

● 姫

赤や淡いピンク色、藤色の着物に花柄などをあしらった衣裳で、美しいお姫さまを表す。歌舞伎はすべて男性が演じ、女性役は「女方」とよばれる。

● 花魁

花魁とは芸者（芸事などのサービスをする女性）のなかで、最高位の女性のこと。金銀の刺繍をした打掛※、大きく前にたらした「まな板帯」など、豪華な衣裳を着る。着物とかつらを合わせると50kgもの重さになる。

● 町人

着物に羽織など、武士に比べて動きやすいすっきりとした衣裳が多い。町娘（下町の女性）は、汚れ防止のために、黒色の衿をつけている。

● 化身

獅子や幽霊、動物など、人間以外のものが登場することもある。例えば狐の場合は、白い糸が衣裳全体に縫いつけられている。

用語　※ 打掛 ⇒「打掛小袖」の略。位の高い女性がいちばん外側に着る着物（小袖）を、帯を締めずに打ち掛けて羽織ったことに由来する衣裳。

仕事の魅力

作業場での着付けの練習。実際には舞台に立つのは男性の役者のみ。

Q どんなところがやりがいなのですか？

公演初日に問題なく幕が開くのを見届けたとき、ほっとするとともに、自分がまたひとつ歌舞伎の歴史にたずさわれたと感じられるのが大きなやりがいです。

また、歌舞伎ならではの豪華で重厚な衣裳を間近で見られることも魅力です。衣裳を見ていると、日本人が受けついできたファッションセンスの豊かさにおどろかされます。私の好奇心を刺激してくれる衣裳が目の前にあり、その仕事にたずさわっていると思うと、やる気がわいてきますね。

着物を着せたら、帯締めに取りかかる。

Q 仕事をする上で、大事にしていることは何ですか？

歌舞伎は、同じ演目でも、演じる役者さんの家系によってちがう色や柄の衣裳を着ることがあります。そのため、自分の担当する役者さんの家系や、どの家系の役者さんに習って今回の役を演じるのかなどを、しっかり調べることを大事にしています。

ただし、衣裳方が役者さんの芸に関わることに口を出したり、こちらから質問したりするのは失礼にあたるため、直接本人に聞かないのが習わしです。新人のころはとまどいましたが、今は自分でいろいろな資料を見て調べ、ときには先輩たちに教わりながら、慎重に確認するようにしています。

力をこめて帯を締め上げる。「舞台上でほどけることのないように、きっちり締めます」

Q なぜこの仕事を目指したのですか？

子どものころから映画に出てくる俳優の衣裳に興味があり、衣裳デザイナーにあこがれていました。その夢を叶えるために高校と大学は服飾系の学校に進み、松竹衣裳を知りました。当時は洋裁を学んでいたので映画の衣裳を制作する部署に興味があったのですが、会社のことを調べると、若手の社員は歌舞伎の衣裳方の部門に配属されることが多いとわかりました。希望とはちがっても、とりあえず一度は歌舞伎を観ておこうと思ったんです。

初めて観た生の歌舞伎は衝撃的でした。見たことのない衣裳が、圧倒的な力強さで目に飛びこんできたからです。「ここで働きたい」と強く感じ、松竹衣裳への入社を決意しました。

帯のかたちを整えてでき上がり。「ここまでを5分で仕上げます」

衣裳にアイロンをかけたり、「代紋」とよばれる役にちなんだ紋※を縫いつけたりするのも、衣裳方の大事な仕事だ。

Q 今までにどんな仕事をしましたか？

2023年に担当した『刀剣乱舞』というゲームを原作とした新作歌舞伎の制作が、印象に残っています。最初の打ち合わせから参加し、一部の衣裳の色や柄のデザインをまかされました。原作のファンが見ても、歌舞伎のファンが見ても違和感のない衣裳を考えるのは、大変な仕事でした。最後まで不安でしたが、おかげさまで評判はよかったようです。

公演期間中は、演出と主役をつとめた尾上松也さんの着付けを担当しました。とても勉強になりました。

Q 仕事をする上で、難しいと感じる部分はどこですか？

例えば、舞台上で瞬時に衣裳を変えて見せる“ぶっ返り”という手法があります。役者さんが「前例にないけれども、この場面で“ぶっ返り”たい」と希望したことがありました。

歌舞伎の衣裳には、歴史のなかで培われた多くの決まり事があり、私たちは演出の意味合いをふまえて衣裳を用意します。一方で、このように役者さんが新しい挑戦を望む場合、衣裳方としての常識を押しつけたくありません。なぜなら歌舞伎は、時代の最先端を追い、挑戦を積み重ねることで成り立ってきたからです。歌舞伎の歴史を尊重した上で、どう役者さんの意思を実現させるかが、難しいです。

用語 ※紋 ⇒ 家や団体のしるしとして定まっている図柄。

Q この仕事をするには、どんな力が必要ですか？

探究心をもって物事を見る力が必要だと思います。例えば、「なぜこの歌舞伎の芝居にはこの衣裳なのだろう」と疑問をもち、知ろうとする姿勢です。私は自分が担当していない公演でも、時間が空いたときはお客さんとして観に行くようにしています。舞台の照明に照らされた衣裳が客席からどう見えるかを知ることで、疑問が解けるかもしれないからです。また、舞台を見て疑問に思ったことは先輩に質問します。いずれは自分がその演目を担当させてもらうかもしれず、勉強が欠かせません。

約400年続いてきた歌舞伎の世界は、技術や知識の宝庫です。知識が増えれば、この仕事の醍醐味をより味わえます。

PICKUP ITEM

作業場では黒足袋をはき、廊下へ出るときは雪駄もはく。月ごとに劇場から届く衣裳附帳に、使用した衣裳を書きこむ。衣裳の準備には、着物の飾りとなる布を縫いつけるための裁縫道具が欠かせない。着物のサイズを測るのに、ものさしも必需品。cmではなく、寸・尺といった日本に古くからある長さの単位になっている。

毎日の生活と将来

Q 休みの日には何をしていますか？

休みの前日の夜に、“ホテルバカンス”をしています。友人と都内のホテルに集まって食事をしたり、そのまま泊まって次の日もゆっくり過ごしたりすることを、そうよんでいます。家から遠くない場所でも旅行気分が味わえるので、連休がとりづらいこの仕事にはぴったりです。非日常を味わうことで、日常の仕事もより楽しく、意欲的になれるような気がします。今、いちばん気に入っている休日の過ごし方です。

「友人たちと“年越しホテルバカンス”をしているところです。中央が私です。たくさんおしゃべりして、英気を養いました」

「京都の伏見稲荷大社に行きました。私の出張と休演日に合わせて、親友がかけつけてくれました。右が私です」

Q ふだんの生活で気をつけていることはありますか？

歌舞伎の衣裳はとても重く、着付けはもちろん、衣裳を出したりたたんだりする作業にも体力が必要です。新人のころ、公演期間中は早朝から夜おそくまで劇場で気を張って仕事をしていましたが、疲れすぎてよい仕事ができていませんでした。そのときの経験から、とくに公演期間中は食事と睡眠をしっかりとって、体調を整えています。地方での公演を担当する際には長距離の移動もあるので、さらに気をつけるようにしています。

また、けがにも注意しています。学生のころはスノーボードによく行っていましたが、行かなくなりました。ほかのスポーツも、けがのリスクを考えてなるべくさけています。

伊勢さんのある1週間

	月	火	水	木	金	土	日
05:00	睡眠	睡眠	睡眠	睡眠	睡眠	睡眠	睡眠
07:00	朝食・準備	朝食・準備	朝食・準備	朝食・準備	朝食・準備	朝食・準備	朝食・準備
09:00	出社・荷詰め	劇場へ	劇場へ	劇場へ	劇場へ	劇場へ	劇場へ
11:00	劇場荷入れ・仕込み	衣裳着付け	衣裳着付け	衣裳着付け	衣裳着付け	衣裳着付け	衣裳着付け
13:00	昼食						
15:00	仕込み						
17:00	帰宅	舞台稽古	初日	本番	本番	本番	本番
19:00	夕食		翌日の衣裳準備	翌日の衣裳準備	翌日の衣裳準備	翌日の衣裳準備	翌日の衣裳準備
21:00	趣味	稽古のダメとり※ 翌日の衣裳準備	帰宅 夕食・お風呂	帰宅・夕食 お風呂・趣味	帰宅・夕食 お風呂	帰宅・夕食 お風呂	帰宅・夕食 お風呂
23:00	お風呂						
01:00	睡眠	帰宅 夕食・お風呂	睡眠	睡眠	睡眠	睡眠	睡眠
03:00		睡眠					
05:00							

水曜日から歌舞伎の公演が始まる週のスケジュール。仕込みや舞台稽古のため、前々日から劇場で仕事をする。公演期間中は、休演日以外、土日関係なく働く。

用語 ※ダメとり ⇒ 稽古の日に演出家や役者から出た衣裳のダメ出しを受けて、対応すること。衣裳を探し直したり、寸法を直したりする。

Q 将来のために、今努力していることはありますか？

将来、私が後輩に伝える側になったとき、知識や技術をきちんと伝えられるように、先輩たちの話に耳をかたむけ、わからないことはどんどん質問することを心がけています。先日も帯の締め方で苦戦することがあったので、先輩に稽古のお願いをしてコツを教えてもらいました。

劇場ではそれぞれが限られた時間のなかで自分の仕事に集中し、黙々と作業を進めるので、どうしても質問しづらい雰囲気があります。けれども、タイミングを見はからって質問するとくわしく教えてもらえます。こうして身につけた技術を、次の世代の衣裳方に伝えていくことが大事です。

専門の染め屋さんに新しい衣裳の色を相談する。「歌舞伎は、和服の専門家さんの仕事で成り立っています」

先輩に、来月の舞台で使う裃の衣裳をチェックしてもらう。「これはちがう、とダメ出しされることも多いですね。すべてが学びになります」

Q これからどんな仕事をし、どのように暮らしたいですか？

もっと広い視野をもって衣裳を考えられるように、かつらや化粧のことなども勉強していきたいと考えています。

以前、ある役者さんが「重い衣裳でも、かつらも同じように重ければ、バランスがとれて動きやすい」と話すのを聞きました。そのとき、衣裳だけを見ていてはわからないことがあるんだと気づいたんです。

これからも興味のはばを広げ、今いちばんお世話になっている先輩の年齢になったときに、同じくらいの知識をもって働けるようになっていたいです。

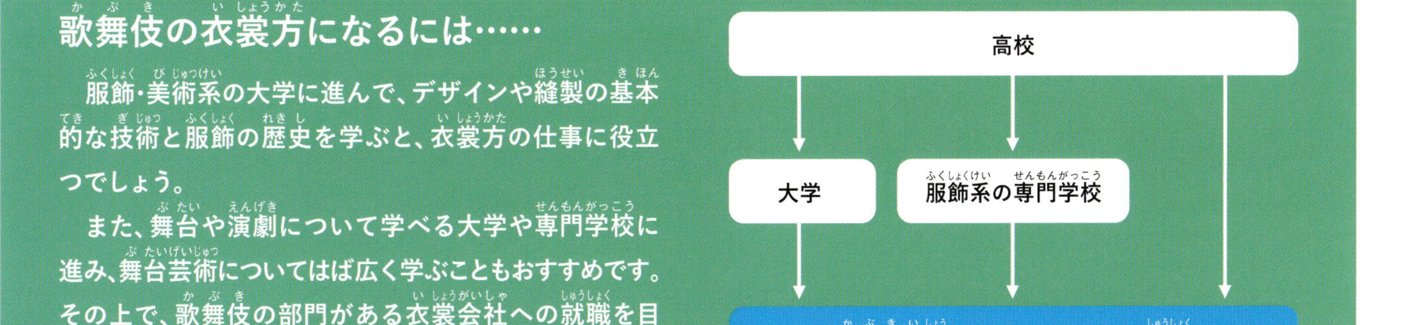

歌舞伎の衣裳方になるには……

服飾・美術系の大学に進んで、デザインや縫製の基本的な技術と服飾の歴史を学ぶと、衣裳方の仕事に役立つでしょう。

また、舞台や演劇について学べる大学や専門学校に進み、舞台芸術についてはば広く学ぶこともおすすめです。その上で、歌舞伎の部門がある衣裳会社への就職を目指すことがひとつの進路です。

子どものころ

Q 小学生・中学生のとき、どんな子どもでしたか？

小学1年生から高校に入学するまで、フラダンスを習っていました。インストラクターをやっている母の友だちが、髪の長い私を見て「似合うと思うからやってみたら？」とすすめてくれたんです。習い始めるとおもしろくて夢中になり、中学生のときに全国大会に出場して入賞を果たしました。

フラダンスと同じくらい打ちこんだのが、中学校で友だちと入部したソフトテニスです。練習はきつかったのですが、都大会でベスト8までいくことができ、よい思い出です。

いそがしい毎日でしたが、授業中に眠くなることはありませんでした。むしろ授業を聞くのは好きで、とくに国語の授業は楽しかったです。小学生のころから、祖母にもらった詩人の金子みすゞさんの本を丸暗記するくらい、本が好きだったので、文章を読み解く力が自然と身についていたのかもしれません。またほかの教科も平均点以上はとっていました。服飾を学べる高校に進学したいという目標が、勉強をがんばる原動力になっていたのだと思います。

ふりかえってみると、当時の私は、自分の「好き」をエネルギーに変えて前に進んでいたように感じます。その性格は、今も変わらないですね。

伊勢さんの夢ルート

小学校 ▶ 衣裳デザイナー

おしゃれな洋服にあこがれた。

▼

中学校・高校 ▶ 衣裳デザイナー

フランス映画など西洋のさまざまな映画を観て、ますます衣裳デザイナーにあこがれた。

▼

大学 ▶ 衣裳会社へ就職

オリジナルの衣裳を制作するデザイナーは自分には向いていないと感じた。衣裳をあつかう会社への就職を考えた。

「中学のときのフラダンスの発表会の写真です。9年間、真剣に続けました」

「祖母からもらった金子みすゞの詩集を、何度も読みました。全部覚えてしまいました」

Q 子どものころにやっておけばよかったことはありますか？

もっと英会話に力を入れておけばよかったと思います。歌舞伎は外国の人にも人気があるので、衣裳の魅力についても英語で紹介したいな、と思うからです。

劇場では、外国の人向けに英語による音声ガイドサービスを提供していて、衣裳の解説も入っています。けれども、もっと気軽な会話のなかで歌舞伎の話ができたら、さらに豊かで楽しい文化交流ができるのだろうと、少しくやしく思っています。

Q 中学のときの職場体験は、どこへ行きましたか？

1年生のときに、学区域内にあるお店や会社のなかから体験先を選んで行く3日間の体験学習がありました。私は貴金属をあつかう工場の事務仕事を選びました。衣裳デザイナーになるという明確な目標があったので、自分がこの先経験しそうにない仕事を体験しておこうと考えたからです。

仲のよい友だちはファストフード店など、中学生にも身近な存在の仕事場を選んだため、私は別の友だち5、6人と行きました。

Q 職場体験ではどんな印象をもちましたか？

中学時代の私は、はなやかな世界にあこがれていたので、正直なところ事務の仕事に興味はわかないだろうと考えていました。ところが実際に仕事をしてみると、同じことを時間内でコツコツと進めるのが意外に苦ではなく、性に合っていると感じました。自分でも知らなかった気質を発見でき、よい経験になったと思います。

考えてみると、毎日時間内に役者さんたちの着付けをしてまわり、同時進行でたんたんと仕込みを行う日々を楽しめるのも、もともとの気質からくるのかもしれないですね。

Q この仕事を目指すなら、今、何をすればいいですか？

まずは、規則正しい生活に慣れておくことです。劇場に入る時間や衣裳の着付けをする時間におくれれば、舞台の幕は上がらず、たくさんの人に迷惑をかけてしまうからです。

また、体を動かす仕事なので、いつも元気でいるために自分に合った体調管理方法を見つけておくのもおすすめです。例えば、自分にとって最適な睡眠時間を把握しておいたり、適度な運動を習慣づけておいたりするとよいですね。

もちろん、歌舞伎や着物の知識もあるにこしたことはありませんが、松竹衣裳では入社後に先輩たちがしっかり教えてくれるので、あまり心配はいりません。

– 今できること –

歌舞伎の鑑賞教室やワークショップを通じて、歌舞伎がどのような芸能なのかを学びましょう。役者や物語のほか、歌舞伎の舞台をつくる衣裳や装置、照明などの要素にも注目すると、歌舞伎の世界をより深く味わえます。まずは、歌舞伎の公演や歌舞伎衣裳の展示会などで、実際の衣裳を見てみるとよいでしょう。

衣服そのものに興味をもつことも大切です。ふだん着る服の組み合わせを考えたり、手芸部などのクラブ活動で裁縫の基本を学んだりすることをおすすめします。

歴史の授業で、歌舞伎の成り立ちや隆盛を知り、関心を深めましょう。とくに、歌舞伎の物語の題材によく取り入れられている歴史や文化に注目しましょう。

日本の美術作品を鑑賞し、日本の伝統文化への理解を深めましょう。鑑賞してかたちや色彩の特徴を模写すると、理解する力がのびます。

この仕事は、体力がなければつとまりません。持久走や水泳などで、持久力と体力を養いましょう。

手縫いやミシン縫いなど、裁縫の基本の技術を学びましょう。個性を活かす衣服の組み合わせ方、衣服の素材に応じた手入れ方法やあつかい方も身につけましょう。

File No.285

舞台プロデューサー

Stage Production Producer

プロデューサーとは、プロジェクトの総責任者のことです。舞台芸能では、公演やイベントを企画したり、支えたりする役割の人をいいます。伝統文化を楽しむための公演の企画・運営を行う石橋幹己さんにお話を聞きました。

用語 ※雅楽 ⇒ 宮廷や社寺に伝わる合奏による音楽。古代の中国で成立し、朝鮮、ベトナム、日本などに伝わった。

Q 舞台プロデューサーとはどんな仕事ですか？

音楽や演劇などの公演を企画し、出演すること以外のすべての作業を取り仕切る仕事です。

2025年、東京のＪＲ高輪ゲートウェイ駅の前に「TAKANAWA GATEWAY CITY」という街が開業予定です。そのなかに、複合文化施設「MoN Takanawa: The Museum of Narratives」が2026年にできる予定で、私はその公演事業を担当しています。施設内にあるホールで上演する内容を考え、実現させるのが私の仕事です。前職で歌舞伎や雅楽※などを上演する国立劇場※につとめていた経験を活かして、伝統芸能の分野の企画をしています。

プロデューサーの仕事は、はばが広いです。お客さまに喜ばれる公演を企画し、予算を組み、出演者やスタッフに仕事を依頼し、宣伝して、チケット販売の段取りを整えます。企画から上演までに、新作の場合は３～５年、新作ではない場合でも１～２年ほどかかります。いくつかの企画を同時に進めているので、つねに多くの人と連絡を取り合います。出演者の衣裳の準備を専門の会社に頼む際は、依頼が一時期に集中しないようにするなど、あらゆる配慮が欠かせません。

準備中の高輪の施設の理念は、100年先に文化をつなぐことです。伝統芸能を未来へ残すには、まず今の人に受け入れられることが必要です。「伝統だから大切にしよう」というだけでなく、現代に合わせる、海外の方の視点を取り入れる、などの挑戦をしていこうと考えています。

石橋さんのある1日

- 09:00 出勤。ニュースやメールのチェック
- 09:30 公演の企画書を作成
- 10:30 社内打ち合わせ
- 12:30 ランチ
- 13:30 関連企業を訪問
- 16:00 公演の予算書を作成
- 17:00 プログラムの解説の執筆をしてもらう専門家と電話で相談
- 18:00 事務作業をして退勤

国立劇場に所属していたときに企画した邦楽公演のチラシ。石橋さんは当日の運営だけでなく、舞台進行のための脚本の作成も担当した。

舞台プロデューサーの仕事の流れ

❶ 企画と予算を立てる

数年先の公演へ向けて企画を立てる。同時に、演出や作曲の費用、出演者の出演料、チラシやプログラム作成費などにどれくらいのお金がかかるかを考え、予算を立てる。

▶

❷ 関係者・出演者に依頼する

演出家・監修者・作曲家に企画への参加を依頼する。それから、出演者（アーティストなど）に出演を依頼する。

▶

❸ 日程を決める

会場となるホールのスケジュールを確認して、公演の日程を決める。舞台監督や美術などの演出を担う担当者に連絡して舞台制作の準備を行い、当日までのスケジュールを立てる。

▶

❹ チラシ・プログラムをつくる

デザイナーに依頼して公演のチラシをつくり、WEBで発信する。上演する内容にくわしい専門家にプログラムの執筆を依頼して、当日お客さんに配るプログラムを作成する。チケットもつくり、販売の手配をする。

▶

❺ 準備をし、本番をむかえる

本番が近くなったら、舞台監督、音響担当、照明担当、美術担当、道具担当の人たちと当日の流れを話し合う。それらを出演者とも共有し、準備を整える。本番当日は、舞台をとどこおりなく進行させる。

用語 ※ 国立劇場 ⇒ 東京都千代田区にある、国（独立行政法人 日本芸術文化振興会）が運営する劇場。1966 年の開場以来日本の伝統芸能を数多く上演してきたが、建物の老朽化による建てかえのため 2023 年に閉場した。

仕事の魅力

Q どんなところが やりがいなのですか？

公演後のアンケートなどで、お客さまから「楽しかった」「感動した」と言ってもらえるとうれしいです。出演者に「この企画いいね！」「おかげさまでうまくいったよ」と言ってもらえることも、はげみになります。

また、作品の奥深さにふれられることは、伝統芸能をあつかうからこそ感じられるやりがいだと思います。能や歌舞伎には、数百年前からくりかえし演じられてきた演目が数多くあります。同じ物語でも、時代や実演する人の解釈でちがう印象になるんです。古典の作品から新たなものが生まれそうなようすを間近で見られることに、わくわくします。

Q 仕事をする上で、大事にしていることは何ですか？

とにかく丁寧な仕事をすることを大切にしています。関わる多くの人々から信頼を得てスムーズに仕事をするには、小さな丁寧さを積み上げていくことが重要だと思うからです。

例えば、出演者と話すために畳の楽屋に入るときに、靴をぬぐとします。短時間ならばということで、そろえないままでもよいとは思いますが、話の途中でマネージャーさんが入ってきたら、きっと私の靴をそろえてくれます。小さなひと手間ですが、何度もくりかえすと「横柄な人だな」と思われ、仕事がしづらくなりかねません。そうならないよう、ぬいだ靴をそろえる、といったささいなことでも、ひとつひとつ丁寧に、ということを心がけています。

いくつもの企画を同時に担当しているため、それぞれのプロジェクトについての問い合わせの電話がひんぱんに入る。

石橋さんは、各地で開催される伝統芸能の公演にもたずさわる。この日は、神奈川県川崎市での公演。照明の明るさにも気を配る。

リハーサルで、出演者と最後の打ち合わせを行う。

Q なぜこの仕事を 目指したのですか？

大学時代に友人にさそわれて美術研究会に入ったことから、何となく芸術や美術関連の仕事をしようかな、と考えるようになったのがきっかけです。研究会では現代美術を学んでいたのですが、ひさしぶりに地元の秋祭りに参加したときにとても楽しくて、「古いものの方が自分に合いそうだ」と感じました。子どものころに毎年参加していた、お神輿があって、お囃子が演奏されて、というごくふつうのお祭りです。

その後、本格的に歌舞伎や能などに関心が向き、伝統芸能を上演する国立劇場に就職しました。働くうちに、伝統芸能を発展させるにはもっと新たな挑戦をしていく必要があると感じるようになり、新規開業の施設として挑戦の可能性が無限にある、今の職場に転職しました。

Q 今までに どんな仕事をしましたか？

国立劇場で、最初は記録係として公演の写真や映像の撮影をしました。何年か働き、やがていちばんの花形である舞台制作をしたくなりましたが、まわりは子どものころから伝統芸能を学んできた人が多く、大学時代に「何となく」関心をもった自分は、恥ずかしいほどに知識が足りませんでした。ですので、制作の係になるために必死に勉強しました。

異動して自分の企画が上演できるようになったものの、よく怒られていました。今思えば当時は、照明、音響、道具などそれぞれの技術者が作業する順番が理解できていなかったんですね。現場で、舞台づくりに必要な段取りなどさまざまなことを学ばせてもらいました。

2015年国立劇場上演『文豪の聴いた音曲』の一場面。文豪・谷崎潤一郎の没後50年の節目に石橋さんが企画した舞台。

所蔵　国立劇場

Q 仕事をする上で、難しいと感じる部分はどこですか？

プロデューサーの仕事は、関係するみなさんがいなければ成り立ちません。だからこそ、できるだけ関わる人すべての意向をくみ取り、気持ちよく仕事をしてもらうことが重要な役割であり、難しい点だと感じています。

例えば、ジャンルのちがう音楽が共演する場合、まず練習の進め方がちがいます。舞台上で最終的な練習を行う際、個人できっちりと仕上げてのぞむことが慣例のジャンルと、細かい部分は現場でみんなでつくり上げるのが慣例のジャンルとでは、いざ全員で演奏しようとした際に、完成度がそろいません。ですので、私が間に立ち、だれも不満がない状態になるように調整します。あらゆる場面でこういった調整を行うため、神経を使う仕事です。

Q この仕事をするには、どんな力が必要ですか？

細かいことに気づく力が必要だと思います。全員が笑顔でスムーズに仕事を進めるには、舞台プロデューサーが小さな変化に気づいて伝えることが重要だからです。

例えば俳優さんは、前日の公演で気になったところの演じ方を変えるなど、毎日少しずつ変化をつけます。それにきちんと気づき、よくなっていた、この方がよくなりそう、などの感想を伝えることも、私の重要な仕事です。ほめるだけではなく直すべき点も言うことで、「この人は自分をちゃんと見てくれている」と伝わります。これは出演者だけでなくスタッフに対しても同じで、それぞれのやる気が、よりよい公演につながります。

過去に担当した企画のパンフレット

参考にした各地の民俗芸能大会の資料

古い資料本

PICKUP ITEM

国立劇場勤務時に企画した公演やイベントのパンフレット類は、JR東日本文化創造財団での仕事でも参考になることが多い。全国各地で開かれる民俗芸能大会のパンフレットも、情報の宝庫だ。古い資料本である『興業師の世界』には、100年近く前に活躍した伝統芸能のプロデューサーのことが書かれており、当時の苦労がわかっておもしろく、参考にしている。

毎日の生活と将来

Q 休みの日には何をしていますか？

自分の子どもが所属するサッカーチームの手伝いをしています。監督などの役割も保護者が担うチームなので、コーチをするほかに、近隣のチームと連絡を取り合って練習試合を組むなど、仕事と同じような交渉役も担当しています。

私は本が好きなので、子どもたちを連れて図書館に行くことも多いのですが、彼らはやはり体を動かしたいらしく、結局その近くのプールや公園にいる時間の方が長いですね。

「いつも利用する近所の図書館です。視点を少し変えるだけで目に入ってくる本が変わるので、おもしろいですね」

「子どもたちのサッカーチームのコーチをしています。試合が近くなると練習にも気合いが入ります」

Q ふだんの生活で気をつけていることはありますか？

できるだけ時間を見つけて図書館や書店に行き、情報を集めるようにしています。ジャンルを決めずにタイトルをざっと見ながら、端から端まですべての棚を見て、気になるものを手にとります。本を買ってもなかなか読む時間がありませんが、積んでおいて、必要になった際に「そういえばあの本があった」と、ひっぱりだして読むこともあります。

このようにして新しい情報やそのとき自分が気になる情報に出合うことが、公演の企画を立てるときに役立っています。インターネットも使いますが、私は本から情報を得る方が性に合っていると感じます。

	月	火	水	木	金	土	日
05:00	睡眠	睡眠	睡眠	睡眠	睡眠	睡眠	睡眠
(06:00)							
07:00	準備	準備	準備	準備	準備	サッカーチームのコーチ	
(08:00)							
09:00	出勤	出勤	出勤	出勤	出勤		図書館
(10:00)	社内打ち合わせ	社内打ち合わせ	企画提案	企画の資料作成	社内打ち合わせ		
11:00							
(12:00)			社内打ち合わせ				
13:00	昼休み	昼休み		昼休み	昼休み		
(14:00)							
15:00	企画の資料作成		昼休み		企画の資料作成		休み
(16:00)							
17:00		演出家と打ち合わせ	公演現場立ち会い	監修者と打ち合わせ		公演視察	
(18:00)							
19:00	出演者と打ち合わせ				公演視察		
(20:00)							
21:00	退勤	退勤	退勤	退勤		休み	
(22:00)	夕食など	夕食など	夕食など	夕食など			
23:00	睡眠	睡眠	睡眠	睡眠	退勤		
(00:00)					夕食など		
01:00					睡眠		
(02:00)							
03:00							
(04:00)							
05:00							

石橋さんのある1週間

午前中に社内の打ち合わせや企画提案をすませる。夕方からはおもに社外の人と会い、打ち合わせや公演の視察をする。退勤時刻がおそくなるため、日中に自由な時間をとっている。

Q 将来のために、今努力していることはありますか？

今はこれから開業する施設のことで精一杯ですが、将来はプロデューサー業務ができる人材を増やしていきたいと考えています。十数年間この業界にいて、伝統芸能とほかの世界をつなぎ、外に向けて発信する立場で仕事をする人が非常に少ないことに気づきました。

そのため、知り合った人に自分から積極的に仕事内容を紹介したり、伝統芸能に興味・関心のある若者にプロデューサーの現場を経験してもらったりしています。自分の仕事を見てもらうことで、プロデューサーの仲間を増やせたらいいなと思っています。

和楽器のグループ、J-TRAD Ensemble-MAHOROBA のみなさんと。「第一線の方々と仕事ができ、光栄です」

事務所にある和室で読書をする。「本は現在のことや過去のこともふくめて、あらゆる情報の宝庫です」

Q これからどんな仕事をし、どのように暮らしたいですか？

いつか、劇場ほど立派なものでなくても、旅館の大広間などでもよいので、上演ができる場所をもちたいです。そこで、自分でプロデュースした伝統芸能の企画を上演したいです。

伝統芸能のアーティストは、もっと活躍の場を増やしたいと思っています。そして海外からのお客さんのなかにも、伝統芸能を見てみたい、ふれてみたい方がたくさんいます。両者をうまくめぐり合わせることが、伝統芸能を未来へ残すことにつながると思うので、もっと気軽にふれられる活動にも取り組んでいきたいですね。

舞台プロデューサーになるには……

必要な資格はありませんが、音楽、絵画、演劇、伝統文化など、はば広く芸術文化への関心が求められる仕事です。フリーランスとして働く人もいますが、コンサートホールなどを運営している団体や企業に所属して働く人もいます。芸術への知識を深めるとともに、大学でビジネスについて学ぶと仕事の役に立つでしょう。

高校
↓ ↓
大学 / 舞台芸術関係の専門学校
↓ ↓
文化活動を行っている団体や企業に就職

子どものころ

Q 小学生・中学生のとき、どんな子どもでしたか？

部活動がさかんな小学校で、陸上、水泳、駅伝、バスケットボール、自転車と5つの部活に入っていました。バスケットボールと自転車は通年ですが、水泳は夏、駅伝は冬、陸上は春と秋の大会前のみの活動というかたちで、平日はほぼ毎日、何かの部活で夕方まで学校にいましたね。

中学校ではそのなかから水泳を続けることにして、水泳部に入りました。小・中学校のプールは25mが多いと思いますが、めずらしく50mプールがある学校で、熱心に活動していました。朝と放課後に練習があり、毎日7kmほど泳いでいたと思います。夏休みには合宿もあって1日10㎞を泳ぎました。最終的に関東大会まで出られたので部活をやってよかったと思いますし、体力もつきましたが、あの猛練習の日々はつらかったですね。

部活に明けくれていたので、テストの前以外は勉強せず、主要科目は可もなく不可もない成績でした。好きな科目は何といっても体育で、美術や音楽が苦手でした。絵を描くのも苦手で、リコーダーや歌などの実技のテストもへたでした。そんな私が、大学で芸術に関心をもち、今は伝統芸能のプロデューサーとして毎日のように芸術文化にふれているのですから、人生ってわからないものだと思います。

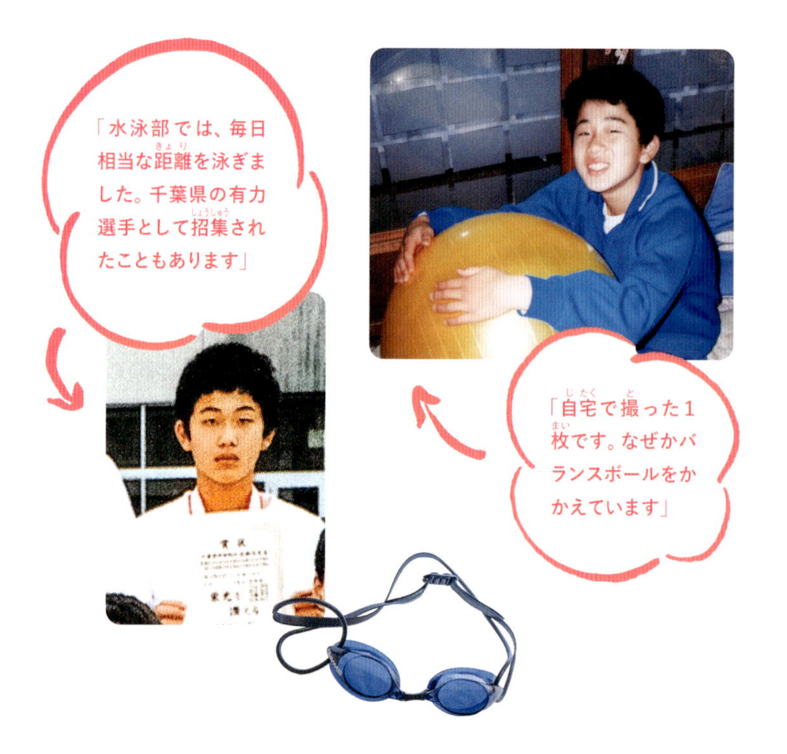

「水泳部では、毎日相当な距離を泳ぎました。千葉県の有力選手として招集されたこともあります」

「自宅で撮った1枚です。なぜかバランスボールをかかえています」

石橋さんの夢ルート

小学校 ▶ 宇宙飛行士

小学校の卒業アルバムに「宇宙飛行士」と書いた。

▼

中学校 ▶ 工務店

長男として、実家の工務店をつぐ予定だった。

▼

高校 ▶ 整体師

部活でけがをしたときにお世話になり、あこがれた。

▼

大学 ▶ 新聞記者

趣味で続けていた美術や伝統芸能を仕事にするのは難しいと思った。仕事にするなら、自由に行動できる新聞記者がよいと思った。

中学校の入学式に校舎の前で撮った写真。

Q 子どものころにやっておいてよかったことはありますか？

地元のお祭りには毎年積極的に参加しておいてよかったです。音楽の勉強は苦手でしたが、秋祭り前に行われるお囃子の練習には毎日参加して、横笛を吹いていました。この経験がなかったら、大学生のときにひさしぶりにお祭りに行って、伝統芸能の仕事をしようという発想にならなかったと思います。

学校の図書館の本を片っぱしから読むことも、やっていてよかったです。今、本から情報収集をして企画を立てる自分のスタイルの土台になっています。

Q 中学のときの職場体験は、どこへ行きましたか？

職場体験に行ったことをまったく覚えていないんです。将来の夢について書いた作文も、内容を覚えていません。

私の実家は工務店を営んでおり、しかも私は4人兄弟の長男なので、家業をつぐものだと思っていました。親からもそう言われていましたし、現場に連れていかれて測量や地面を掘るなどの作業を手伝うことも多かったので、ほかの職業のことがまったく頭に入らなかったのかもしれません。

Q 家業のお手伝いではどんな印象をもちましたか？

工務店の手伝いの印象は、「全然おもしろくないな」というものでした。中学生なので、やらせてもらえるのは工事の下準備くらいです。何かをつくっている実感もないし、わくわくしませんでした。

大学卒業後、私は国立劇場に就職したのですが、2011年の東日本大震災の後に、一時的に実家にもどって街の復旧の仕事を手伝いました。道路を直して人々に感謝され、自分の仕事で街がきれいになっていくようすを見て、初めて家業にやりがいが感じられました。成長すると、ものの見え方が変わることはありますね。

Q この仕事を目指すなら、今、何をすればいいですか？

この仕事に限らず、学生のうちは多くのことに挑戦しておくといいと思います。なりたい職業があるのなら、そこに向かって突き進めばいいですが、世の中にはあまり知られていない仕事がたくさんあります。私自身、学生時代にはこの職業を知りませんでした。興味があることを続けていると、いつかそれが仕事につながると思います。

伝統芸能でいうなら、地域の芸事に関する習い事に参加してみましょう。古くから続く地元の踊りなどを習える場所がきっとあるはずです。弟子入りなどと重く考えるのではなく、楽しい範囲でやることが長続きするコツだと思います。

ー今できることー

写真部、美術部、演劇部、吹奏楽部などの芸術分野で興味を引かれるものがあったら活動してみましょう。コンクールや大会での入賞を目指して精一杯取り組むことで、それらの文化への理解が深まります。また、大会などでは、運営をだれがどのように行っているのか調べてみるとよいです。文化祭などの実行委員をつとめることもよい経験になります。

地域で行われる催し物やコンサート、お祭りや民俗芸能のイベントなどがあれば、行ってみましょう。

さまざまな古典文学にふれましょう。それらを原作とした舞台芸術がたくさんあります。生活様式や風習など、それぞれの時代の文化を学ぶことができます。

能や歌舞伎、楽器、踊りなど日本の古典的な伝統芸能を学ぶ際には、歴史に関する知識が土台になります。日本の歴史をよく学びましょう。

国を問わず、古い作品から現代の作品まではば広く鑑賞しましょう。作品を理解する力が、公演の企画を考えるときにも役立ちます。

洋楽・邦楽の特徴とそれぞれの歴史を学びましょう。両方を融合させた独創的な演奏会に足を運ぶのもよいです。

File No.286

郷土芸能道具の職人

Craftsman of Local Performing Arts Tools

神社のお祭りなどで長年行われ、地域の人々によって受けつがれてきた民間の芸能を、郷土芸能とよびます。郷土芸能で使われる道具をつくったり修理したりする会社があります。その会社で道具の修理と太鼓の開発をしている稲葉大輔さんに、お話を聞きました。

Q 郷土芸能道具の職人とはどんな仕事ですか？

郷土芸能で使用する道具の製作や修理をする仕事です。郷土芸能とは地域に伝わる踊りや音楽、芝居などのことで、獅子舞や、祭りを盛り立てる祭囃子などがあります。

宮本卯之助商店は東京・浅草にある会社で、祭りなどに使われる道具全般の修理と販売を行っています。私のおもな仕事は、獅子舞に使われる獅子頭の修理です。獅子頭は、頭部が木彫りで、漆や金メッキで仕上げられており、毛と、人をすっぽりおおう布がついているものが一般的です。地域によって顔がちがい、また毛ではなく鳥の羽根で飾るものもあるなど、形状はさまざまです。地域で長年受けつがれているものが多く、定期的な点検や修理が必要です。

宮本卯之助商店では、全国の獅子舞保存会などからの獅子頭の修理の依頼を受けつけています。このような団体は全国に1万近くあり、私は年間40～50の獅子頭の修理を行っています。獅子頭は多くの場合、踊り手が獅子の口を開け閉めしてカチカチ鳴らしながら踊るので、口の周辺がこわれやすいんです。ひび割れがないかを注意深く点検し、次の数十年間、問題なく使えるように修理や補強をします。また獅子頭のほかにも、祭礼で使われるさまざまな道具を修理しています。

加えて、新しい太鼓の開発も私の仕事です。材料を変えたり、加工したりして製作した太鼓の響きを研究し、周波数などの数字で表すことを試みています。音楽ホールなどで楽曲の演奏に使用する、プロ奏者の要望に応えることを目指しています。

稲葉さんのある1日

07:00 出社。指示書とメールのチェック
07:30 獅子頭の修理（布の取りつけ、毛材の取りつけ、組み上げ作業）
11:45 ランチ
12:30 来客に対応し、道具修理の相談にのる
14:00 太鼓の開発に関する実験
15:00 休憩
15:15 太鼓開発の資料をまとめる
15:45 修理グループのミーティング
16:00 退社

本店のショールームには、新作の神輿や太鼓が飾ってある。見学に訪れる外国人観光客も多い。

宮本卯之助商店で修理を引き受けるおもなもの

● 獅子頭（稲葉さん担当）

獅子舞でいたんだ獅子頭の口元の修理や、毛や羽根飾りのつけかえ、漆の塗りかえ、布の新調などを行う。1点の修理に、3か月から半年をかける。

● 小物類（稲葉さん担当）

例えば神楽で使う鈴など、神社の祭礼に使われる小物類の修理を行う。時代行列※に使う、槍の先に鳥毛の飾りをつけた毛槍などの修理も引き受けている。

● 太鼓

革がゆるんだ太鼓は新しい革に張りかえて、よい音をよみがえらせる。胴がいたんだ太鼓は、全体をかんなで均一にけずって木目の美しさを再現する。

● 神輿

部分の修理も行うが、全体の修理をする場合は、部品ごとに解体し、金具や彫刻、漆もはがす。木の土台から補強と修理を行い、漆や金メッキで仕上げる。

用語 ※ 時代行列 ⇒ 昔の歴史風俗をよそおった行列。平安時代や鎌倉時代など、参加者が特定の時代の人々の格好をして歩く。

仕事の魅力

Q どんなところがやりがいなのですか？

郷土芸能の道具には、ひとつとして同じものはありません。かたちが似ていても、地域によってつくりがちがいます。修理に取りかかるときは、「今回はどんな修理法が合っているだろうか」と、方法や手順を考えるのにわくわくします。獅子頭だけでなくさまざまな道具が持ちこまれるのですが、その地域独自の「なんだこれは」と思うようなものを修理するのも、飽き性の私にとっては新鮮でおもしろいですね。

太鼓の開発では、知らないことを知ることができるのがやりがいです。内側の一部をちょっとけずるなどの、ほんの少しの加工で音が変わるのがおもしろいです。

開発中の桶締太鼓（桶と同じ構造の、木組の胴を紐で締めた太鼓）の響きを確かめる。「革の部分に特殊な加工をしてみました。音がどのように変わったか試しています」

獅子頭の背に、白い毛を縫いつけていく。「取りつけるときに使うのは特殊な強い糸で、宇宙服にも使われているそうです」

「獅子頭には“獅子毛柄”の反物が使われます。古典模様のひとつで、獅子の毛並みを表現しているといわれます」

Q 仕事をする上で、大事にしていることは何ですか？

ある獅子頭の修理を引き受けたときに、通常は見ない紐がついていたことがありました。必要なものには見えなかったので切ってしまったのですが、じつは獅子頭の口の開きを調節するためにお客さまがつけた大事な紐だったんです。修理を終えてからお客さまに指摘されて気づきました。

この経験から、物事にはすべて理由があることや、立ち止まって考えることの大切さを学びました。思いこみで作業を進めないこと、わからないことはお客さんに問い合わせて聞くこと。このふたつを今は大事にしています。

Q なぜこの仕事を目指したのですか？

小学4年生のときの家族旅行で、奈良県・薬師寺の「聖観世音菩薩」という仏像を見て感動しました。それから古い仏像に夢中になり、将来は仏像修復の仕事をしたいと考えるようになったんです。大学で文化財の保存修復を学び、仏像を修復する職人のもとへ通って教わりました。

しかし、仏像の修復を学ぶにつれ、仕事として生計を立てていくことの難しさも知り、仕事にするか迷いました。そんなとき、宮本卯之助商店という会社が目に留まりました。私は大学で和太鼓サークルに入っており、芸能道具にも思い入れがあったからです。迷った末に、入社を決めました。

Q 今までに どんな仕事をしましたか？

山形県酒田市で、毎年、道具相談会を行っています。酒田市の郷土芸能の保存会から依頼を受け、所属する市内の郷土芸能団体に、道具の修理の受けつけや保管方法のアドバイスを行う仕事です。春に相談会を開き、冬までに修理を仕上げるペースで行っており、毎年好評を得ています。

酒田市の場合は、修理にかかる費用は、文化庁※から酒田市を通して保存会に支給されるお金でまかなわれています。そのため、各団体が負担するお金は少なくてすみます。郷土芸能を残していくためにも、よいシステムだと感じます。

営業担当者と話して、頼まれている獅子頭の修理のスケジュールを確認する。

Q 仕事をする上で、難しいと感じる部分はどこですか？

獅子頭の場合、地域によっては神の宿る御神体そのものとしてあつかわれていることがあります。ずっと昔から、人々が神様として大切に祀ってきた獅子頭を修理するのだと思うと、運ぶだけでも緊張します。そんなプレッシャーのなかで行う作業は、ふだん以上に難しく感じます。

また、芸能道具職人の仕事にはマニュアルがなく、経験から得られる知識と勘だけが頼りです。それも難しいと感じる部分です。自分に足りないところは、会社の大先輩の仕事ぶりを見て覚えたり、助言をもらったりしながら、つねに修業のつもりで仕事をしています。

Q この仕事をするには、どんな力が必要ですか？

物事への興味や探究心、疑問を見つけることができる力が必要だと思います。獅子頭のかたちはどれも似ているので、全部を同じように修理することはできるのですが、そうするとお客さまによっては満足してもらえません。お客さまが修理に望むことはそれぞれちがうからです。ですので、ひとつひとつの修理箇所について、なぜこうなっているのか、どんな修理方法がいちばんよいのかを、獅子頭それぞれに対して考えることが大切です。ちょっとしたことですが、作業をするときの体の向きや、道具の持ち方、手で支える位置などでも仕上がりが変わります。修理方法を考えることを楽しめる力が必要だと思います。

PICKUP ITEM

獅子頭に取りつけられている布を新調して縫いつけたり、布に獅子の白い毛を縫いつけたりするのに、太い針と特殊な糸を使う。糸は、宇宙服にも使われる丈夫なもの。金づちは、獅子頭の目のゆがみなどを直すときに使う。新しい布に取りかえるときには、ものさしで正確なサイズを測り、アイロンでしわをのばして仕上げる。

用語 ※文化庁⇒文部科学省に属する日本の行政機関のひとつ。文化に関する取り組みを進めたり、国際文化交流の仕組みを整えたり、教育的な視点で博物館への指導を行ったりする。

毎日の生活と将来

Q 休みの日には何をしていますか？

お祭りに行くことが多いです。近所の盆踊りや、都内近郊で開催される大きなお祭りによく出かけます。

一昨年には、私がお囃子として参加しているお祭りに娘も連れていき、肩車をしながら篠笛を吹きました。娘はそれがよほど楽しかったらしく、それ以来お囃子の練習に月に1回通っています。毎回笑顔で練習に出かける姿を見ると、父親としても芸能道具職人としてもうれしくなりますね。

「岩手県の無形民俗文化財、鹿踊を見に行きました。鹿の角と、『ササラ』とよばれる竹でできた長い飾りをつけるのが特徴で、この地域ならではの郷土芸能です」

「娘と、地元のお祭りに参加しました。私が吹いている篠笛は、自分で製作したものです」

Q ふだんの生活で気をつけていることはありますか？

思わぬところに修理や開発のヒントがかくれているかもしれないので、つねにアンテナを張っています。

例えば、漆塗りの展示会で見た塗りの工夫が、獅子頭の強度を保つための漆の塗り方のヒントになったことがありました。また、趣味として行っている篠笛の製作で竹材の性質を知ることが仕事にも役立ちます。獅子頭の内側に人が頭にかぶるための籠が取りつけてあるのですが、構造をひと工夫すれば、竹のもつ強度としなやかさをもっと活かせると思いあたったんです。試してみるとうまくいきました。

稲葉さんのある1週間

時刻	月	火	水	木	金	土	日
05:00							
07:00	出社、笛づくり	出社、笛づくり	出社、笛づくり	出社、笛づくり	倉庫から神輿搬出		
	指示書・メール確認	指示書・メール確認	指示書・メール確認	指示書・メール確認			
09:00	獅子頭の修理	獅子頭の修理	試作品検証会	獅子頭の修理	朝食		
11:00	昼食、笛づくり	昼食、笛づくり	昼食、笛づくり	昼食、笛づくり	昼休み		
13:00	見積もり相談	梱包・製品発送	資料作成	移動	準備		
	太鼓の研究・開発		桶締め太鼓組み上げ	祭礼同行出張	神輿巡行補助		
15:00	太鼓の開発、退社	資料作成、退社	会議、退社	神輿清掃・飾りつけ			
17:00	保育園のおむかえ	保育園のおむかえ	保育園のおむかえ	移動・退勤	神輿搬入・かたづけ	休み	休み
19:00	夕飯・家事	夕飯・家事	夕飯・家事	夕飯・家事	移動・退勤		
21:00					夕食、入浴		
23:00							
01:00	睡眠	睡眠	睡眠	睡眠	睡眠		
03:00				移動			
05:00							

早朝に会社へ行き、7時の始業まで趣味の笛づくりをする。おもな業務は獅子頭の修理と太鼓の研究・開発だ。祭礼繁忙期だったこの週は、神社での仕事のため出張があった。

Q 将来のために、今努力していることはありますか？

仕事とは別に、篠笛の製作を行う笛師としての活動をしています。材料となる竹を調達するところから始め、竹をけずり、穴を開け、音色を確認しながら完成させます。作品は、販売したり展示会へ出品したりしています。

自分の思いをこめた“作品づくり”は、人に自分の感性を評価してもらう挑戦でもあり、お客さんの要望に応える修理の仕事とはちがったおもしろさを感じます。芸能道具職人としての腕を上げるには両方の視点が大切だと思うので、バランスをとりながら両立させていきたいです。

宮本卯之助商店は、東京・浅草で160年にわたって店を構える老舗。「ベテランの職人がたくさん働いています」

「私が製作した篠笛です。ドレミの音階に調音してあります。吹き方はフルートと似ています」

Q これからどんな仕事をし、どのように暮らしたいですか？

ふだんの芸能道具の修理作業に加えて、文化庁や宮内庁など、国からの依頼で貴重な芸能道具をあつかうことがあります。それにともない、人間国宝※の方をはじめ、職人の世界で名の知られた方々の技を間近で見られる機会も増えています。貴重な経験から学んだことをしっかりと自分のものにし、これからも大きな仕事に意欲的に挑戦していきたいと思っています。

そのためにも日々の仕事に精進し、一件ごとの修理に丁寧に取り組むことを心がけて過ごしていきたいです。

郷土芸能道具の職人になるには……

道具を使って手作業で修復を行うため、木工作業の経験があることが望ましいです。工芸科などがある高校や専門学校、大学で木工技術を習得するのがおすすめです。あるいは、大学によっては芸術学部で文化財をあつかったり、文化財学科などを設置したりしているところもあります。進学して文化財の保存や修理について学ぶのもよいでしょう。

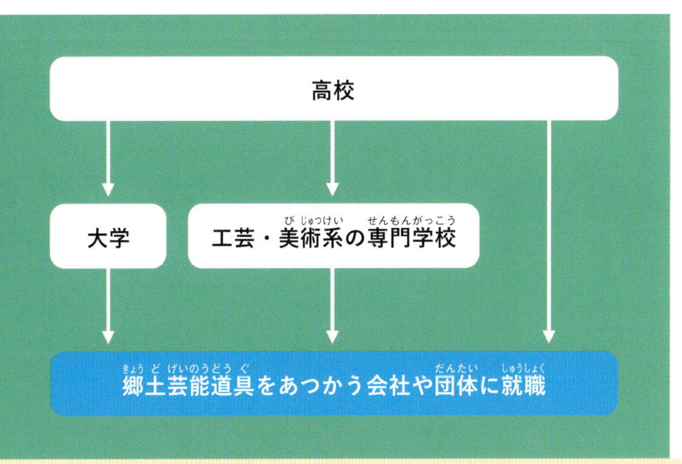

用語 ※ 人間国宝 ⇒ 文部科学大臣が指定する、重要無形文化財の保持者として認定された人物をさす通称。正式名称は重要無形文化財保持者。

子どものころ

Q 小学生・中学生のとき、どんな子どもでしたか？

親が金属加工の会社をしていたので道具が豊富にあり、小学生のときから木片などの身近な材料で工作をしていました。家族で登った山の写真を見ながら、ジオラマをつくったこともあります。高学年になって美術作品の鑑賞が好きになり、とくに仏像が好きで、中学3年生のときには自分でつくってみました。いろいろな制作方法を試しましたね。

中学校で記憶しているのは、美術の時間に作品づくりに打ちこむ私を見て、先生が「稲葉君と同じ空気を吸えていることに感謝しなさい」とみんなの前でほめてくれたことです。相当に集中して取り組んでいたんだろうと思います。

部活は水泳部に入り、部長をつとめましたが、ほかにやる人がいなかっただけのことです。美術や家庭科、技術の授業で何かをつくることには熱心でしたが、部活や学校行事には積極的ではありませんでした。3年間、同じ先生が担任だったのですが、その先生から卒業後に「あなたには中学生らしい快活さがなくて心配だったから、3年間面倒を見ることに決めていた」と言われたんです。言われてみれば、その先生は何かと私を気にかけてくれて、お世話になりました。今でも連絡をとっており、大切な恩師です。

中学の卒業式で友人たちと撮った写真。右から2番目が稲葉さん。「みんなとは、今でも仲良くしています」

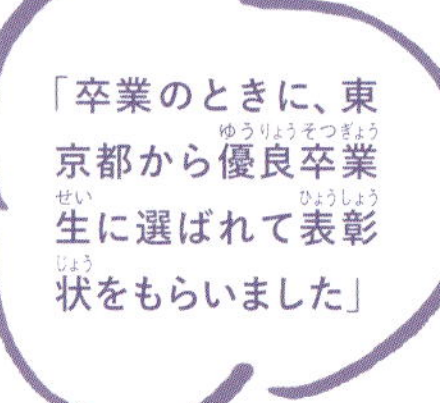

「卒業のときに、東京都から優良卒業生に選ばれて表彰状をもらいました」

表彰状

稲葉大輔

あなたは在学中人格と磨き学業の向上に努め他の模範として学校長から推薦されました このたび卒業されるに当たり平素の努力に対して敬意を表するとともに今後の活躍を期待しここに表彰いたします

平成二十一年三月十七日

東京都産業教育振興会

会長 西澤宏繁

稲葉さんの夢ルート

小学校 ▶ プロ野球選手

少年野球をやっていたから。

▼

中学校 ▶ とくになし

将来の仕事をとくにイメージしていなかった。

▼

高校 ▶ 文化財にたずさわる仕事

日本画や仏像彫刻を鑑賞するのが好きだった。

▼

大学 ▶ 学芸員、仏像修復師

大学の教育学部で文化財の保存修復を学んだ。自分で作品をつくるよりも、古い作品にたずさわることが好きだと気づき、美術品や文化財に囲まれた場所で仕事がしたいと思った。

卒業アルバムの稲葉さん。「進学する高校が決まると自由な時間ができたので、家にこもって仏像をつくっていました」

Q 子どものころにやっておけばよかったことはありますか？

ピアノを習い、音感を養っておけばよかったと思います。

和太鼓は音階をもたない楽器といわれますが、楽器によってわずかに音程のちがいがあります。プロの和太鼓奏者は、そうしたわずかなちがいを聞きとって、音の高低を指摘することができます。ピアノはすべての楽器演奏の基本になるので、開発をうけおう者として、彼らの要望にそえるような、鋭い音感を養っておきたかったと思います。今は、音のちがいも計測によって数値化できる時代ですが、聞き分ける手がかりは多ければ多いほど有利だなと感じます。

Q 中学のときの職場体験は、どこへ行きましたか？

中学２年生のときに、不動産会社で一日職場体験をさせてもらいました。地元の商店街の全面的な協力があったので、候補はほかにも青果店、鮮魚店などたくさんありました。私はものづくりができるところに行きたいと思い、不動産会社なら図面をつくることがあると聞いて選びました。

中学生にとって不動産会社はあまりなじみがないせいか、希望者は私しかおらず、2、3人のグループで職場体験に行く人が多いなか、私はひとりで行きました。

Q 職場体験ではどんな印象をもちましたか？

社内は冗談も飛び交うなど和気あいあいとしていて、好印象をもちました。しかし、そんな気さくな雰囲気も、お客さんが来るとパッと切りかわり、びっくりしたのを覚えています。口調も丁寧で「これが社会人なんだ」と実感しました。みなさんがいきいきと働く姿はかっこよく、将来は自分もこの人たちのように好きなことを仕事にしたいと思いました。

パソコンを使った図面づくりにも挑戦させてもらいましたが、200部屋あるようなおかしな間取りになってしまい、うまくはいきませんでしたね。

Q この仕事を目指すなら、今、何をすればいいですか？

身近にあるお祭りから興味を広げていくとよいと思います。お囃子の音色や、音に合わせて踊る獅子舞などを楽しむことで、昔の人の考え方や価値観を自然に学べるからです。

また、郷土芸能の道具に関係なさそうなことでも、興味をもったら挑戦するべきだと思います。私はずっと仏像を修復する職人を目指していましたが、芸能道具にも興味をもち、この道に進みました。今では獅子頭などの修理をまかされるようになり、結果として神聖な古いものをあつかっています。結局は本来やりたかったことに近づいているので、人生にむだなことなどないのだと実感しています。

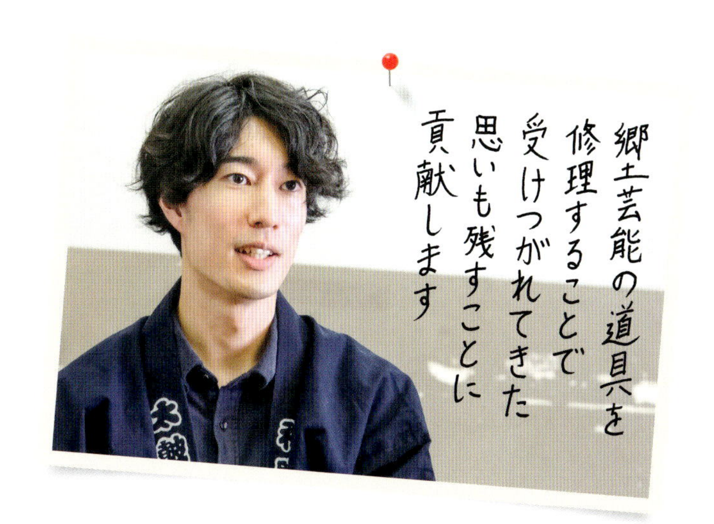

郷土芸能の道具を修理することで受けつがれてきた思いも残すことに貢献します

– 今できること –

ふだんの暮らし

自分が暮らす地域のお祭りに参加して、お神輿や太鼓などの芸能道具をよく観察しましょう。子どもたちが神輿をかついだりお囃子を担当したり、子ども神楽を披露したりする地域もあります。機会があれば、地域の伝統芸能の保存団体などの集まりに参加して、それらの行事を体験することをおすすめします。

また、歴史博物館や民俗博物館、古くからある神社・お寺などを訪れて、日本の伝統工芸品を鑑賞したり、芸能の歴史を学んだりすることもよい勉強になるでしょう。

社会

地理や歴史の分野で、日本の各地域・時代の特色や、歴史上の人物・できごとなどについて調べ、とくに歴史に対する関心を深めておくとよいでしょう。

美術

時代の移り変わりにともなった日本の美術作品の変化や特徴を、鑑賞の授業を通じて学びましょう。日本の美術や文化に対する理解を深めるとよいでしょう。

家庭科

修理職人には、裁縫の技術が求められます。裁縫の授業で手縫いの方法を積極的に学び、練習しましょう。作業の丁寧さ・緻密さが作品の仕上がりを左右します。

技術

木材などを使用した製作を行い、製作図のかき方や道具のあつかい方、材料に適した加工法を学びましょう。

仕事のつながりがわかる

伝統芸能の仕事 関連マップ

ここまで紹介した伝統芸能の仕事が、
それぞれどう関連しているのかを見てみましょう。

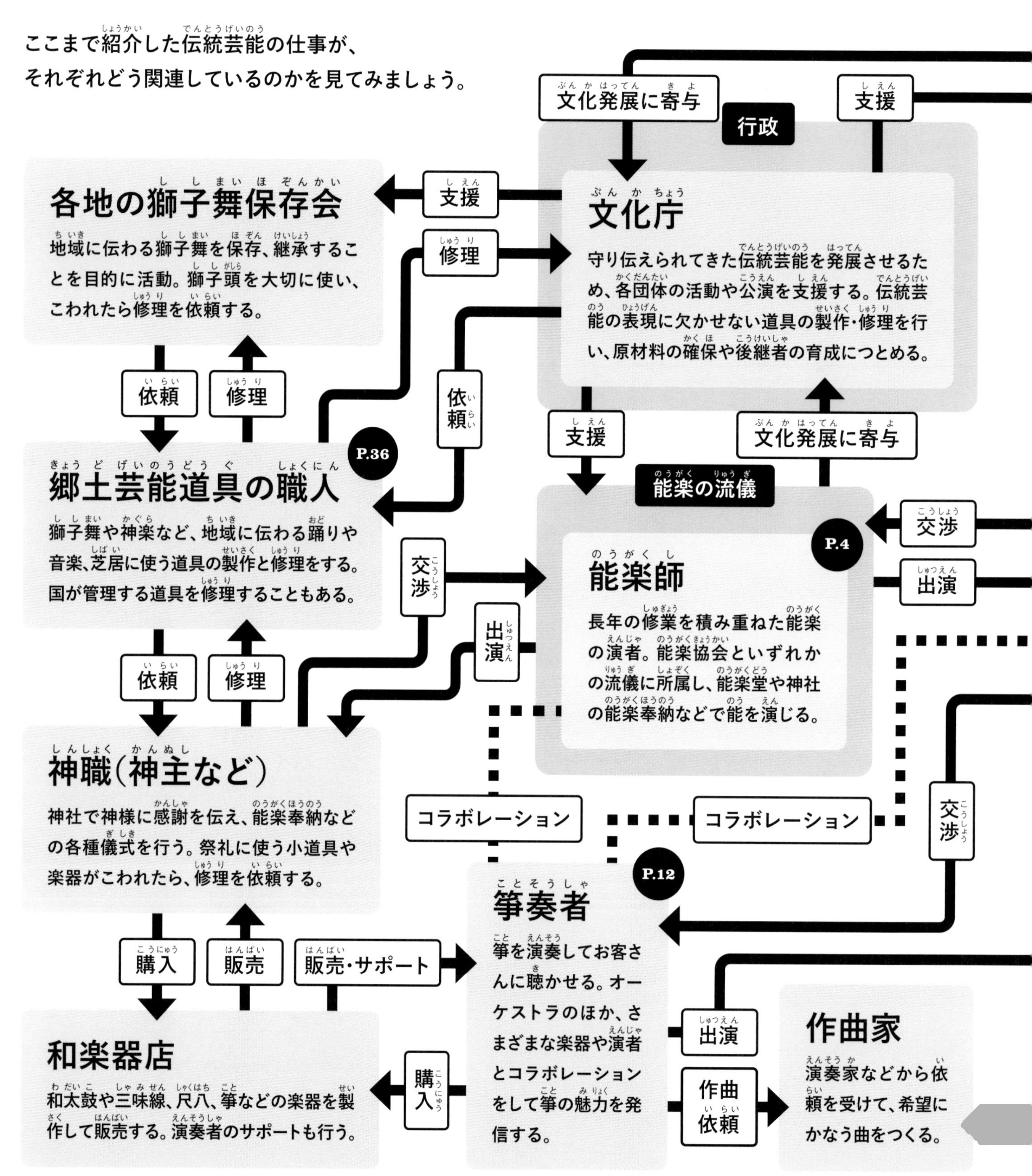

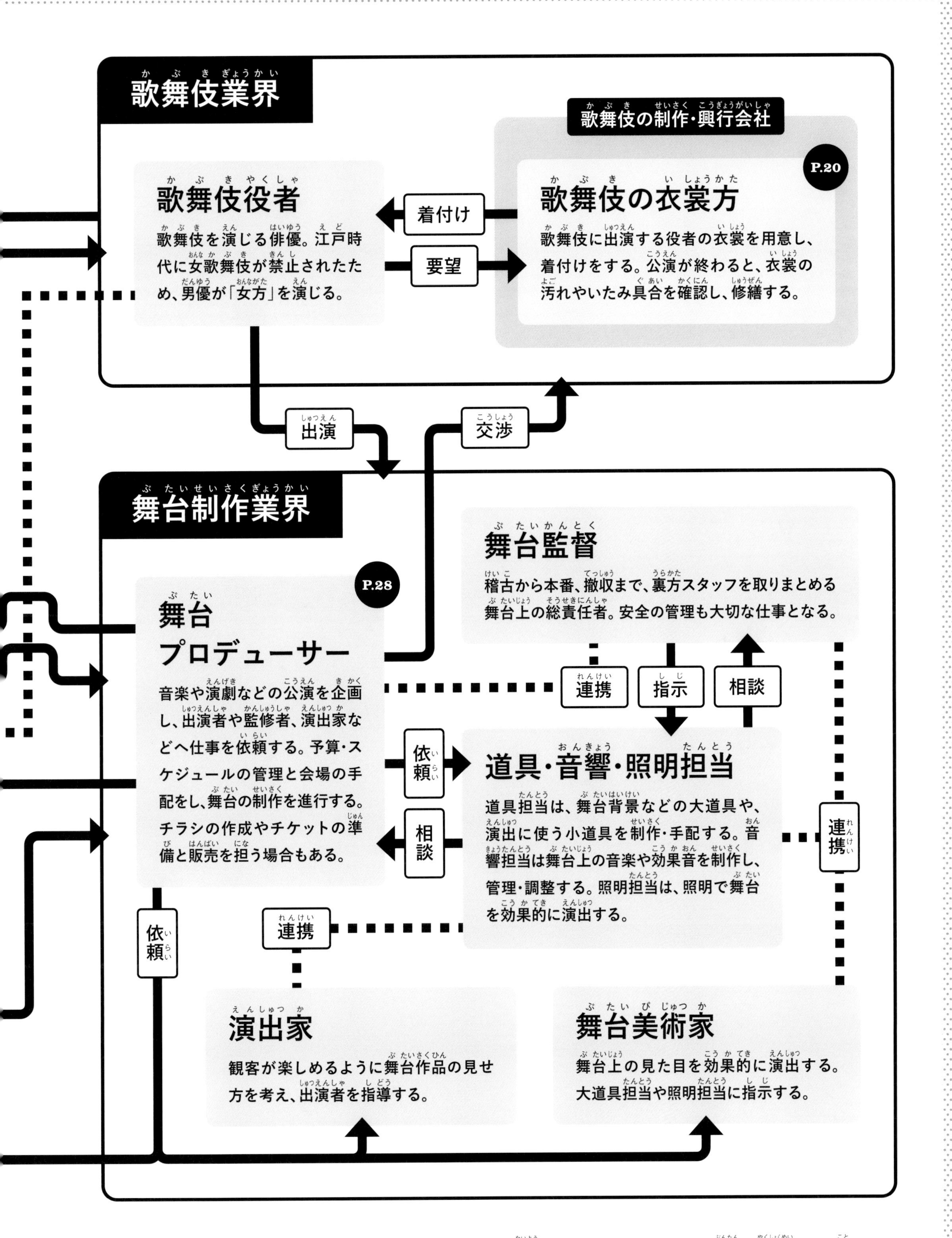

※このページの内容は一例です。会社によって、仕事の分担や、役職名は大きく異なります。

これからのキャリア教育に必要な視点 51

伝統を守るには「知る」ことが第一歩

▶ 自分が伝統をつなぐという使命感

「伝統芸能を守ろう」ということはよく言われますが、学校の授業や校外学習以外で歌舞伎や能にふれたことのある人は、あまり多くないのではないでしょうか。

古くから継承されてきた技術や技能を未来につないでいきたい、という思いは多くの人に共通しているはずなのに、多くの伝統芸能が後継者不足に悩み、存続の危機にさらされている理由を考えたとき、人々の伝統芸能にふれる機会の少なさもひとつの要因なのではないかと感じています。

芸術であり娯楽でもある伝統芸能は、多くの人の人生を豊かにし、支えてくれるものです。この本に出てくる人たちは、伝統芸能にたずさわることを自分の仕事として選び、人生をかけて取り組んでいます。彼らが一生懸命に取り組むのは、究極的には「好き」だからです。自分がやらないと、そしてだれかに伝えないと好きなものがなくなってしまう、という思いで伝統芸能の仕事をしています。

SNSで積極的に発信する、アニメやゲームとコラボレーションした新たな演目を上演するなど、若者や外国人にも知ってもらうための取り組みを始めている団体も多くあります。伝統芸能がこれからも生き残っていくためには、若い人たちならではの視点と発想が欠かせません。

▶ 決して遠い世界の仕事ではない

伝統芸能に興味をもった場合、今は簡単に動画やWEBサイトで情報を仕入れられるので、初歩的な技術なら自分で習得することもできるでしょう。けれども、伝統芸能においては師匠と同じ空気を吸い、芸や技術を近くで見て学ぶことが必要になります。そのくりかえしの経験や師匠から聞いた話などが、すべて味となって自分の芸や技術にあらわれるからです。弟子として長い期間の修業が必要な仕組みは、時代にそぐわないという意見もあるかもしれませんが、何百年も続く伝統の芸や技術を身につけるのですから、自

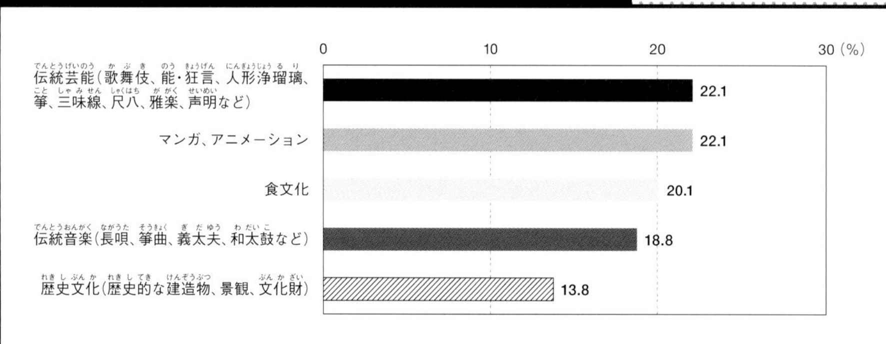

文化庁の調査で、さまざまな世代の2500人に外国に発信したい日本の文化芸術を3つまで挙げてもらったところ、「伝統芸能」と「伝統音楽」がともに2割ほどあった。しかし、同じ調査で過去1年間に外出して伝統芸能を観賞した人はわずか2.7%だった。「発信したい」と思いつつ、日本人が伝統芸能を観に行っていないことがわかる。

参考：文化に関する世論調査 報告書（令和6年　文化庁）

提供:WOW(企画)、縦糸横糸合同会社(企画協力)

全国の小・中学校の子どもたちに対して、文化芸術を体験する機会を提供する「BAKERUの学校」が、文化庁の主催で開かれている。写真は2024年に熊本県の小学校で開催された、伝統芸能とデジタルアートを組み合わせた体験プロジェクトのようす。地元の郷土芸能「太鼓踊り」と岩手県の「鹿踊」を比べて楽しんだ。

分のものにするには時間がかかって当然なのです。

能や歌舞伎にたずさわるには特別な家柄に生まれないといけないのではないか、気軽にはふれられない、といった多くの人がもつであろうイメージは、この「師匠と弟子」という濃密な関係になって芸や技術を身につける伝統芸能のシステムからきているのかもしれません。

もちろん、能や歌舞伎をなりわいとする家に生まれなかったからこれらに関われないということはなく、弟子入りすることは可能ですし、伝統芸能にたずさわる仕事は数多くあります。実際にこの本に出てきた5名は全員、血筋とは関係なくほかの職業の人と同じように高校や大学を卒業し、今の職業に就いています。

▶ 知ることで選択肢が増える

キャリア教育の視点で伝統芸能について考えるときに重要なのは、やはり「知る」ということです。この仕事をする人は、どこかの段階でその分野を知り、好きになって、それを続ける人です。この本に登場する能楽師は、他大学の知り合いの先輩が卒業後に能楽師になったことを知り、「身近な人がプロになったことで、能楽師という職業が私にとって身近なものになりました」と話しています。

先生たちには、子どもたちが伝統芸能を知るサポートをしてあげてほしいです。授業で観賞する範囲では、役者や演者といった表に出る部分しか見えませんが、その裏で活躍する仕事の数々を紹介するだけでも、子どもたちの選択肢は大いに増えるはずです。また、能や歌舞伎といった代表的な伝統芸能だけでなく、各地に古くから根づいている郷土芸能も多くあります。動画サイトで視聴することが簡単にできる時代ですので、知る機会を提供してみてください。

読者のみなさんには伝統芸能や郷土芸能に関心をもち、好きだなと思ったら、その「好き」を続けてみてほしいです。それによって、みなさんが次の世代へつなぐ歴史の一員になれるかもしれません。

PROFILE

玉置 崇

岐阜聖徳学園大学教育学部教授。

愛知県小牧市の小学校を皮切りに、愛知教育大学附属名古屋中学校や小牧市立小牧中学校管理職、愛知県教育委員会海部教育事務所所長、小牧中学校校長などを経て、2015年4月から現職。数学の授業名人として知られる一方、ICT活用の分野でも手腕を発揮し、小牧市の情報環境を整備するとともに、教育システムの開発にも関わる。文部科学省「校務におけるICT活用促進事業」事業検討委員会座長をつとめる。

構成／安部優薫

さくいん

【取材協力】

公益社団法人 金春円満井会　https://www.komparu-enmaikai.com/
日本コロムビア株式会社　hhttps://columbia.jp/
松竹衣裳株式会社　https://www.shochiku-costume.co.jp/
一般財団法人JR東日本文化創造財団　https://www.jreast-ci.or.jp/
株式会社 宮本卯之助商店　https://www.miyamoto-unosuke.co.jp/

【写真協力】

WOW inc.、縦糸横糸合同会社　p47

【解説】

玉置 崇（岐阜聖徳学園大学教育学部教授）　p46-47

【装丁・本文デザイン】

アートディレクション／尾原史和（BOOTLEG）
デザイン／坂井 晃・角田晴彦（BOOTLEG）

【撮影】

平井伸造　p4-19、p28-43
土屋貴章　p20-27

【執筆】

和田全代　p4-11、20-27、36-43
山本美佳　p12-19
安部優薫　p28-35

【イラスト】

フジサワミカ

【企画・編集】

佐藤美由紀・山岸都芳（小峰書店）
常松心平・鬼塚夏海（303BOOKS）

キャリア教育に活きる！

仕事ファイル51

伝統芸能の仕事

2025年4月6日　第1刷発行

編　著　小峰書店編集部
発行者　小峰広一郎
発行所　株式会社小峰書店
〒162-0066　東京都新宿区市谷台町4-15
TEL 03-3357-3521　FAX 03-3357-1027
https://www.komineshoten.co.jp/
印　刷　株式会社精興社
製　本　株式会社松岳社

NDC 366　48p　29×23cm
ISBN978-4-338-37304-3

第7期 全5巻

㊳ ライフラインの仕事
原油調達オペレーター、鉄道保線員
送電用鉄塔工事の現場監督
エネルギープラントのプロジェクトエンジニア
ネットワークインフラエンジニア

㊴ デザインの仕事
近距離モビリティ設計者、公共トイレの設計者
WEBグラフィックデザイナー、ランドスケープデザイナー
コミュニティデザイナー

㊵ ケアの仕事
アスリート専門のスリープトレーナー
トリマー、柔道整復師専任教員、助産師
大人用紙おむつアドバイザー

㊶ 子どもの仕事
アトラクション製品メーカーの営業担当
栄養教諭、玩具の試作開発者
助産師ユーチューバー、児童心理司

㊷ 起業家の仕事
食用バラの6次産業化経営
スタートアップ企業の経営
仕事と住居問題を解決するソーシャルビジネス運営
ファッションブランド経営、授業開発者

第8期 全5巻

㊸ 動画の仕事
料理動画クリエイター、映像監督
映像制作用カメラ企画スタッフ
クリエイティビティ・エバンジェリスト
配信用映画の調達担当者

㊹ 流通の仕事
郵便物等の輸送企画担当者
ファッションECサービス運営会社の物流拠点スタッフ
総合スーパーの食器バイヤー
マグロ仲卸会社の営業担当者
LNG輸送プロジェクトの営業担当者

㊺ 笑いの仕事
芸人、落語家、放送作家
お笑いライブの制作会社スタッフ
ラジオ番組ディレクター

㊻ AIの仕事
生成AI活用アプリの開発者、AI開発支援アプリの開発者
内視鏡AI開発者、配膳ロボットの企画担当者
AI専門メディア編集長

㊼ 職人の仕事
バイオリン職人、寿司職人、ジュエリー作家
靴職人、左官職人

第9期 全5巻

㊽ ロボットの仕事
コミュニケーションロボットの営業
スマートロボットの研究者
協働ロボットの開発者
自動搬送ロボットのエンジニア
ガンプラの金型職人

㊾ ゲームの仕事
ゲームデザイナー、キャラクターデザイナー
声優、ボードゲーム編集者
リアル謎解きゲームの企画営業

㊿ インバウンドの仕事
ホステルのマネージャー、旅行プランナー
ヴィーガンレストランのプロデューサー
防災アプリディレクター
インバウンドメディアの運営

(51) 伝統芸能の仕事
能楽師、箏奏者、歌舞伎の衣裳方
舞台プロデューサー、郷土芸能道具の職人

(52) ライフイベントの仕事
ジェンダーフリー・ウエディングプロデューサー
ユニバーサルデザインの晴れ着店スタッフ
エンディングプランナー
和菓子店の店長、フローリスト